Der bunte Schmetterling · Herausgegeben zum 60. Geburtstag der Künstlerin Marlene Reidel

Eine Auswahl aus den vielen Bilderbüchern, die Marlene Reidel im Laufe von 30 Jahren schuf.

Marlene Reidel dankt ihren Verlagen,
die für diesen Jubiläumsband die Druckfilme
einiger ihrer beliebtesten Bilderbücher
zur Verfügung gestellt haben:

Annette Betz Verlag, Wien
„Der Erich war ein schönes Kind"

Georg Lentz Verlag GmbH, München
„Antonia"

K. Thienemanns Verlag, Stuttgart
„Der Gabriel mit dem Zauberstab"
„Anna und die Weiherhex"
„Das bunte Bilderbuch"

©
1983
Sellier Verlag GmbH
D-8057 Eching bei München
ISBN 3-8221-1043-4

…und bedankt sich bei allen kleinen und großen Lesern für die Anteilnahme an ihrer Arbeit.

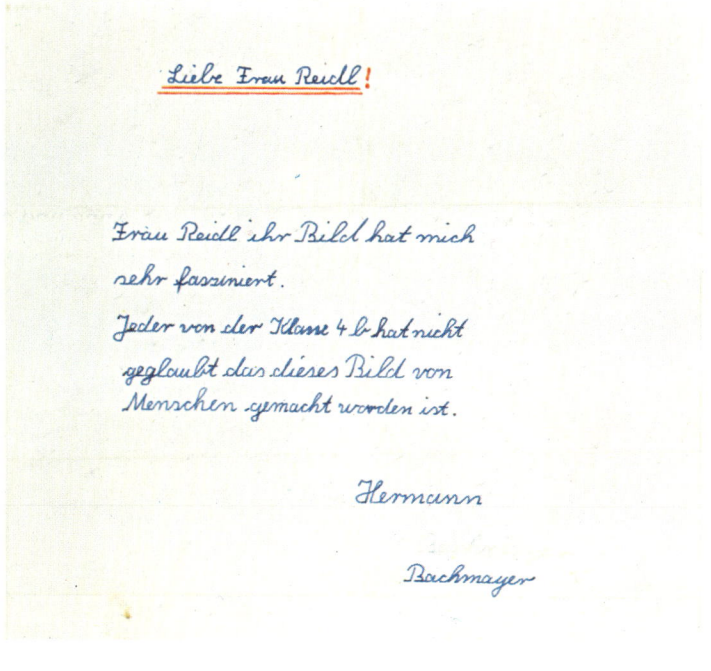

Marlene Reidel 1932

Wie mein Leben so verlaufen ist ...

Gemessen an dem, was der Weidenkorb gekostet hat, den meine Mutter kaufte, um mich nach meiner Geburt hineinzubetten, war ich das Kind von Millionären. Der Weidenkorb kostete nämlich sieben Millionen Mark. Das war 1923, in der Inflationszeit. Alle Leute waren damals Millionäre, und doch war man arm, denn gegen Ende der Inflationszeit kostete eine Semmel Milliarden!

In einer meiner frühesten Erinnerungen sehe ich den Vater in der Stubentür stehen. Er kommt von der Arbeit, es ist Samstagabend. Er greift in die Hosentaschen und läßt lachend ein paar Silbermünzen über den frischgeputzten Holzboden unserer Stube rollen. Wir Kinder sammeln die Münzen ein und rollen sie dem Vater wieder zu.

Die Eltern arbeiteten damals als Tagelöhner beim Graf von Soden in Neufraunhofen. Der Vater ging ins ‚Gut‘, oft auch die Mutter, doch meistens versorgte sie daheim einen Teil des Vieh's. Daheim, das war Krottental. Krottental war ein heruntergekommener Einödhof und gehörte zum Schloßgut, und wir, die Arbeiterfamilie, konnten hier wohnen.

Der Wochenlohn betrug für Vater und Mutter zusammen 36 Reichsmark. Dazu kam noch das ‚Deputat‘. Das bestand aus 1 Liter Milch und 1 Liter Bier täglich, und 3 Zentnern Weizen, 3 Zentnern Kartoffeln und 3 Steer Holz jährlich. Das war nicht viel, aber es war genug. Immer hatten wir gut zu essen, immer waren wir sauber angezogen und immer hatten wir das Gefühl, es ausgesprochen gut zu haben. Dieses Gefühl ist mir unvergeßlich und hat mich mein ganzes Leben begleitet.

Was mir aber am unvergeßlichsten ist, das sind die Stunden, in denen uns die Mutter Geschichten erzählte! Zwar, Bilderbücher hatten wir keine, dazu reichte das Geld bei uns nicht. Und doch – es gibt kein Bilderbuch, das so farbig, so lebendig, so geheimnisvoll und unheimlich jene Bilder, wie sie die Mutter mit ihren Geschichten in unsere Köpfe zauberte, wiedergeben könnte.

Mit 14 Jahren kam ich aus der Volksschule. Ich begann eine Lehre in einer keramischen Werkstätte im nahegelegenen Landshut. Nach meiner Gesellenprüfung, damals war Krieg, wurde ich für zwei Jahre zum Arbeitsdienst und Kriegshilfsdienst eingezogen.

Nach Ablauf dieser Zeit schickte ich eine Mappe mit Zeichnungen, die ich in jeder freien Minute angefertigt hatte, an die Akademie für bildende Künste in München und bewarb mich um die Aufnahmeprüfung. Ich wurde aufgenommen und so begann ich, Malerei zu studieren. Mein Studium dauerte aber nur einige Wochen, bis große Teile Münchens, darunter auch das Akademiegebäude, durch Bombenangriffe zerstört wurden.

Als der Krieg zu Ende war, fanden sich die Kunstschüler und ihre Professoren in Haimhausen bei München wieder zusammen. Im dortigen Schloß wurde das Studium provisorisch wieder aufgenommen.

Das war eine aufregende Zeit! Ich lernte sie plötzlich alle kennen, die großen Meister des französischen und deutschen Impressionismus und des Expressionismus. Die faszinierende Kunst der Neuzeit, der Moderne, von deren Existenz ich während der Hitlerzeit keine Ahnung hatte!

Aber wieder dauerte mein Studium nicht lange – ganze drei Semester – dann heiratete ich 1948 Karl Reidel, der noch im gleichen Jahr ein Studium für Bildhauerei an der Akademie in München begann.

Um unseren Lebensunterhalt zu verdienen, arbeitete mein Mann als Werkstudent in Münchner Steinmetzfirmen. Ich betätigte mich in Landshut, wo wir wohnten, als keramische Malerin in Betrieben, in die ich entweder meine Kinder mitnehmen konnte, oder die mir die Keramikgefäße ins Haus brachten.
Als mein Mann sein Studium nach 12 Semestern erfolgreich abschloß, waren bereits vier unserer sechs Kinder geboren.

Obwohl wir damals ziemlich arm waren, denke ich gerne an diese Zeit zurück. Ich war fast immer mit meinen Kindern zusammen. Und so, wie seinerzeit unsere Mutter uns ihre Geschichten erzählt hatte, erzählte ich nun meinen Kindern die meinen.

Wir waren es, die auf den Mond stiegen und um die Welt flogen. So entstand eines meiner ersten Bücher „Kasimirs Weltreise". Oder wir stellten uns vor, was passieren würde, wenn wir zaubern könnten. Daraus wurde das Buch „Der Gabriel mit dem Zauberstab". Wir malten uns aus, wie es wäre, wenn wir mit einem Schifflein unseren Bach hinunterfahren würden. Das wurde dann das Kinderbuch „Der schöne Erich". Und natürlich erzählte ich meinen Kindern auch, wie das damals bei mir war, als ich noch ein Kind war. So entstand das Buch „Der Lorenz – ein Jahr in Krottental".

Die Eltern Lorenz und Maria Hartl 1934

Die Familie Reidel im Dezember 1982

Viele Jahre sind seither vergangen und meine sechs Kinder sind längst keine Kinder mehr. Sie haben nun selbst Kinder und sind in ihr eigenes Leben hineingewachsen.

Aus meinem Mann und mir sind ältere Leute, sind Großeltern geworden. Und wenn wir alle beieinander sind, wie hier auf diesem Foto, ist das schon ein Ereignis.

Inhaltsverzeichnis

Seite

- 10 Der Lorenz
- 38 Messer, Gabel, Schere, Licht
- 40 Mariechen
- 42 Blindekuh
- 44 Der schöne Erich
- 58 Das bunte Bilderbuch
- 64 Antonia
- 84 Die Hasenmusikanten
- 86 Der Roßkäfer
- 88 Schneetreiben
- 90 Der Gabriel mit dem Zauberstab
- 112 Dädalus und Ikarus
- 114 Heißluftballon
- 116 Vulkan
- 118 Kartoffelfeuer
- 120 Schiffahrt
- 122 Anna und die Weiherhex

Der bunte Schmetterling

Bilderbuchgeschichten, gemalt und erzählt von

Marlene Reidel

SELLIER VERLAG

Der Lorenz

Der Krottentalerhof war eine Einöde in Niederbayern und gehörte zum Schloßgut von Neufraunhofen.

Dort lebte der Lorenz.

Da steht er

da sitzt er

und da liegt er in einer Wiese

Außer dem Lorenz lebten dort noch sein Vater und seine Mutter, die Anni, der Hund, die schwarze Geiß, eine Katze, etliche Hühner und Gänse und die Rosi. Die lag aber noch in der Wiege.

Vor dem Krottentalerhof war ein Weiher. Dort war der Lorenz am liebsten, besonders im Frühling. Da gab es allerlei Tiere wie Frösche, Kaulquappen, Wasserläufer und Libellen.
Einmal erwischte der Lorenz sogar drei Fische. Da machte er sich ein schönes Aquarium.

Ein anderes Mal, als er zum Weiher ging, nahm er sein Lesebuch mit und schaute sich die Bilder an. Danach ruderte er mit seinem Floß im Wasser herum. Er mußte aber gut aufpassen, daß er nicht unterging, weil sein Floß nur eine alte Stalltür war.

Da kam die alte Geiß daher. Die konnte den Lorenz nicht leiden, und immer, wenn sie ihn sah, lief sie ihm nach und wollte ihn stoßen.
Die Geiß war ständig auf der Suche nach etwas Besonderem. Diesmal fand sie das Lesebuch, das am Ufer lag.

Um sie zu vertreiben, begann der Lorenz, so laut er konnte, zu schreien.

Die Geiß reagierte darauf nicht, aber die Mutter. Die kam so schnell gelaufen, daß sie ganz außer Atem war. Als erstes vertrieb sie die Geiß und hob das Lesebuch auf. Danach zog sie sich den Lorenz ans Ufer und haute ihm beinahe eine herunter, weil er sie so erschreckt hatte, und weil das Lesebuch gefressen war.

Aber ganz gefressen war es nicht, und erschrecken konnte man die Mutter leicht – zum Beispiel schon, wenn er nur die Rosi den Berg hinunterfahren ließ.

Doch das angefressene Lesebuch war für die Eltern ein Problem!
Sie waren nämlich nur Tagelöhner beim Grafen, und für ein neues Lesebuch hatten sie kein Geld.

Also mußte der Lorenz die fehlenden Seiten abschreiben. Dazu mußte er aber jeden Tag jemanden finden, der ihm sein Lesebuch zum Abschreiben auslieh. Das war nicht immer einfach, und der Lorenz war recht froh, als er endlich fertig war.

Aber dann kam das Schwerste, nämlich die Bilder! Die zeichnete die Mutter an einem Sonntagnachmittag. Sie konnte das ganz gut. Das Reh, die Katze, der Hund sahen aus wie echt. Die Mutter war ihm auch gar nicht mehr böse, denn das Zeichnen hat sie gefreut.

Im Sommer gab es oft schwere Gewitter. Wenn sie gelb aufzogen, war es am gefährlichsten. Dann zündete die Mutter Wetterkerzen an und man betete laut den Rosenkranz.

Einmal schlug beim nächsten Nachbarn, beim Windstoßer in Weihern, der Blitz ein. Da liefen alle Leute hin zum Helfen, und der Lorenz schaute zu, wie es brannte und wie die Feuerwehrmänner mit einem langen Schlauch Wasser in das Feuer spritzten.

Als alles abgebrannt war, gingen sie wieder heim. Da stand ein wunderbarer Regenbogen am Himmel.

Es heißt, daß man dort, wo ein Regenbogen auf die Erde trifft, eine Schüssel voll Gold finden kann.

Der Lorenz fand aber keine Schüssel voll Gold.

Da machte er sich ein Schiff mit einem roten Segel und ließ es schwimmen.

In der Erntezeit mußte der Lorenz immer mit aufs Feld und den Pferden die Bremsen abwehren. Dafür durfte er dann auf dem Wagen mit nach Hause fahren. Als sie an einer Scheune vorbeikamen, hängte sich der Lorenz schnell an die Dachrinne, denn er war ein guter Turner.

Bis er sich umschaute, war der Wagen unter ihm weitergefahren, und er hing in der Luft. Auf sein Geschrei kam der Vater herbeigelaufen und fing ihn auf, und der Lorenz hat sich gar nicht weh getan.

Der Vater war mager, aber er konnte fest arbeiten, und er konnte den Lorenz durch die halbe Stube werfen! Das tat er aber nur, wenn die Mutter dastand und den Lorenz wieder auffing. Die Mutter war auch mager, aber nicht immer: bevor die Rosi zur Welt kam, war sie sehr dick gewesen.

Der Vater konnte ganz schön pfeifen, und er konnte sehr viele Lieder.
Er konnte durch den Regen gehen, ohne daß er naß wurde, deshalb setzte er dem Lorenz immer seinen Hut auf, wenn es regnete. Dann sagte er: „Ein Vater braucht keinen Hut, denn er wird nicht naß, weil er zwischen den Regentropfen hindurchgehen kann."

Der Vater hatte eine Pfeife und einen Spazierstock. Die Pfeife hatte er meistens im Mund und den Spazierstock nahm er nur am Sonntag. Da ging er in die Kirche und manchmal auch ins Wirtshaus, damit die Leute nicht meinten, daß er nicht fortgehen darf. Dann bürstete die Mutter an seinem Anzug herum und sagte, daß er eine so feine Haut habe im Gesicht.

Der Hund, der auf dem Hof lebte, konnte den Lorenz gut leiden, und er ließ ihn oft auf seinem Rücken reiten. Er hatte hellbraune Augen und ein hellbraunes Fell, und er war so tapfer, daß er sogar Wölfe vertreiben konnte.

Ganz in der Nähe gab es nämlich eine Wolfssäule. An dieser Stelle hatte vor langer Zeit ein Wolf ein Mädchen gefressen, und auf der Wolfssäule war ein Bild, auf dem konnte man das sehen. Dem Lorenz wurde es immer ganz unheimlich, wenn er dieses Bild betrachtete. Obwohl der Vater sagte, daß es längst keine Wölfe mehr gäbe, wäre er ohne seinen Hund nicht hingegangen. Der knurrte bei der Wolfssäule immer so furchtbar, daß sich kein einziger Wolf je hergetraut hat.

Der Vater hatte auch ein Gewehr. Das wußte niemand und er schoß ab und zu einen Hasen. Er sagte immer: „Hilf dir selbst, so hilft dir Gott!" „Ein Hase mehr oder weniger", sagte er, „geht dem Grafen nicht ab, und weil ein Hase auch die Rüben vom Grafen frißt, gleicht sich der Schaden für den Grafen wieder aus."

Der Vater sagte: „Das ist keine Sünde." Aber die Mutter war sich da nicht so sicher und hat es einmal gebeichtet. Nachdem sie aber der Beichtvater ausgefragt hatte, warum sie's täten, was sie verdienten und wieviel Kinder sie hätten, war auch er der Meinung, daß es keine große Sünde sei, höchstens eine läßliche.

Der Lorenz und sein Hund waren so gute Freunde, daß sie oft miteinander in die Hundehütte krochen. Einmal – draußen fiel der Regen – schlief der Lorenz darin ein. Da rief die Mutter nach ihm und als er nicht kam, suchte sie ihn überall und sie bekam große Angst; und als am Abend der Vater heimkam und der Lorenz immer noch nicht da war, nahmen sie eine Stange und suchten sogar im Weiher nach ihm. Endlich fanden sie den Lorenz in der Hundehütte. Da waren der Vater und die Mutter froh, daß sie ihn wiederhatten.

Einmal flog der Graf Zeppelin mit seinem Luftschiff so niedrig über Krottental, daß man die Gondel mit den Menschen darin sehen konnte. Da winkte der Lorenz hinauf, und die Leute von droben winkten zurück.

Im Herbst schaute der Lorenz immer zu, wie sich die Vögel sammelten.

Wenn der Wind ging, machte er sich einen Drachen aus Papier und ließ ihn fliegen.

Er stieg auf die Obstbäume und schüttelte Äpfel und Birnen herunter.
Aus dem Laub, das von den Bäumen fiel, baute er sich ein Blätterhaus und legte sich hinein.

Wenn bei der Kartoffelernte schöne Feuer auf dem Feld brannten, warf der Lorenz ein paar Kartoffeln in die Glut und aß sie mit der Anni, wenn sie fertig waren. Die Anni war seine Schwester und zwei Jahre jünger als er. Sie hatte Zöpfe und eine Puppe, und die Puppe hatte auch Zöpfe und hieß Kati.

Einmal spielte der Lorenz mit der Anni auf dem Heuboden Eierlegen. Als sie gerade recht laut gackerten, spürte der Lorenz etwas Glattes, Rundes unter sich. Er konnte es selbst kaum glauben, aber es war ein Ei! Da hat die Anni gemeint, daß der Lorenz Eier legen kann.

Hinter dem Krottentalerhof war ein Wald. Dort hausten unterirdisch viele grünhaarige Hexen.

Einmal ging der Lorenz mit dem Kamm zu den Waldhexen hinaus und machte ihnen schöne Frisuren. Da brach ihm der Kamm ab. Darüber war der Lorenz recht erschrocken. Der Mutter erzählte er dann, daß die Hexen ihm den Kamm abgebrochen hätten.

Die Mutter glaubte so etwas schon. Sie war nämlich sehr hexengläubig. Nach dem Gebetläuten ließ sie den Lorenz nie mehr draußen herumlaufen, weil ihm sonst die Hexen in die Haare gekommen wären. Manchmal hatte sie einen Hexenschuß, dann ging sie ein paar Tage ganz gebückt umher. Und nachts kam öfters die ‚Drud' zu ihr und drückte sie.

Die Drud war auch eine Hexe. Die hockte sich auf ihre Brust, so daß sie keine Luft mehr bekam. Die Mutter sagte dann, daß die Drud Holzschuhe angehabt habe, und daß es kein Traum gewesen sei.

Die Mutter machte aus Holzspänen manchmal Drudenkreuze. Die legte sie am Abend vor die Haustür, bevor sie abschloß.

Nachher in der Stube mußte man dann alle Augenblicke ganz still sein und horchen. Der Vater sagte: „Da ist nichts, das ist nur der Wind!" Aber die Mutter hörte außer dem Wind immer noch etwas.

An einem Winterabend, als der Vater nicht da war, kam der Nikolaus. Er hatte eine ganz tiefe Stimme und rasselte mit der Kuhkette, und seinen Mantel hatte er verkehrt herum an.

Die Mutter war ganz freundlich zu ihm, worüber sich der Lorenz sehr wunderte, weil sie doch sonst immer so furchtsam war. Der Nikolaus war aber auch gar nicht so schlimm. Er brachte einen ganzen Teller voller guter Sachen. Bevor er ging, schaute er noch die Rosi an. Dabei lachte er genauso wie der Vater.

Aber der Lorenz ließ sich nichts anmerken, als der Vater dann nachher, etwas später als sonst, von der Arbeit heimkam.

Vom Himmel herunter wirbelte nun der Schnee, und draußen war es schon so kalt, daß der Lorenz mit dem Finger an die Fensterscheiben zeichnen konnte.

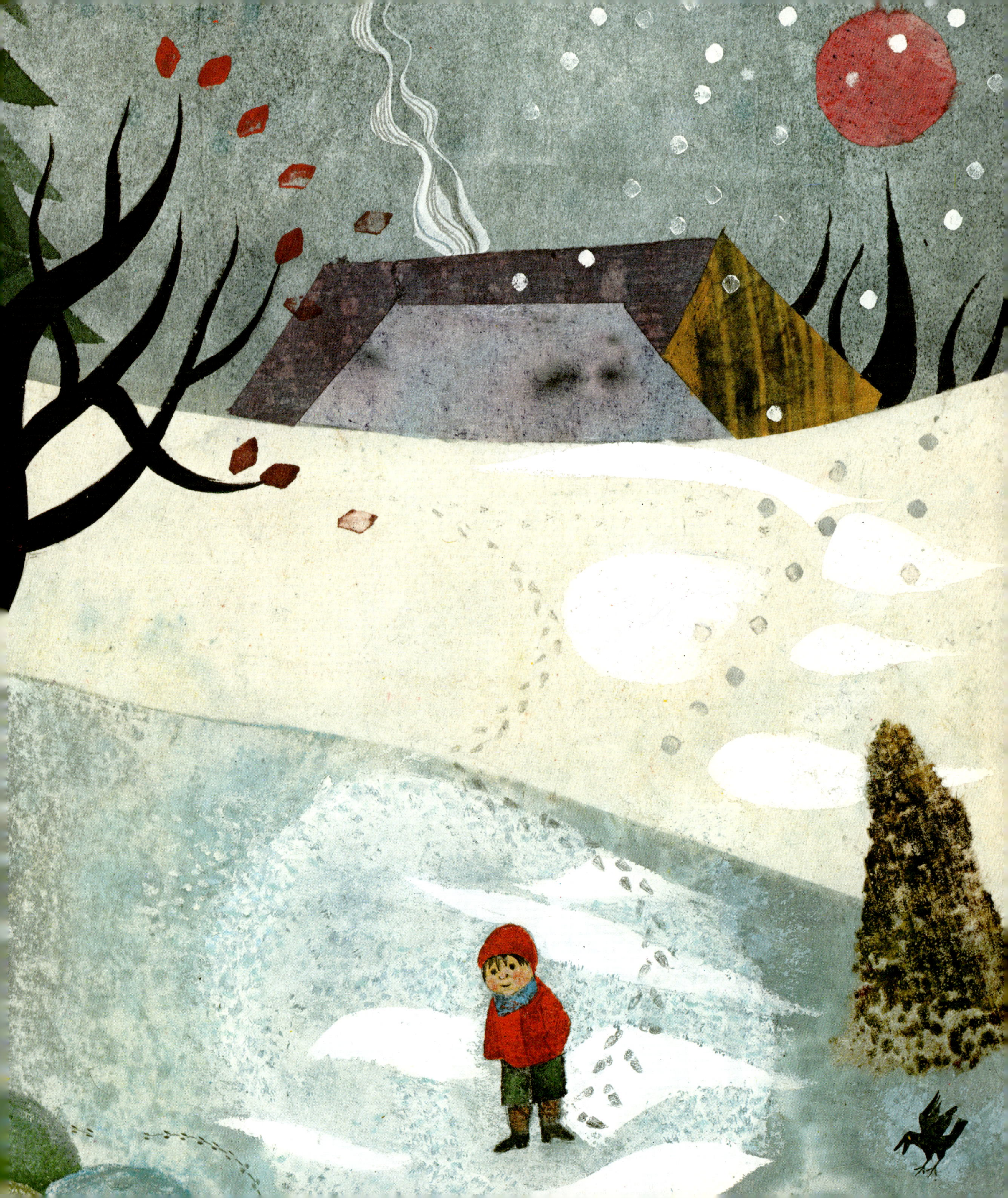

Wenn die Sonne schien, ging er hinaus. Dann trat er Bögen und Muster in den weißen Schnee und freute sich auf den Schlitten, den er sich vom Christkind gewünscht hatte.

Kurz vor Weihnachten hat der Lorenz das Christkind gesehen. Das war, nachdem er einmal sehr lange zum Nachthimmel hinaufgeschaut hatte. Aber das glaubte ihm die Anni nicht.

Am Heiligen Abend hat die Mutter in ihr Kohlebügeleisen ein paar Körnchen Weihrauch gestreut und ist damit durchs ganze Haus gegangen.

Als es dunkel war, nahm der Vater sein Gewehr und hat dem Christkind zu Ehren draußen dreimal in die Luft geschossen.

Daraufhin ist es dann gekommen und hat einen Christbaum gebracht. Der Lorenz bekam seinen Schlitten, die Anni eine Puppenbettstatt und die Rosi einen Ball.

Und so war für die Krottentalerkinder der Heilige Abend der schönste Abend im ganzen Jahr.

Messer   # Gabel

Das Messer schneidet Brot und Ei
und Fleisch und Kuchen schnell entzwei.
Doch paß gut auf, sei auf der Hut,
sonst tropft aus deinem Finger Blut!

Die Gabel spießt das Essen auf,
und Kraut und Knödel steckt man drauf.
Zum Spielen aber taugt sie nicht,
weil man sich mit der Gabel sticht.

Aus: Moritaten für Kinder

Schere

Licht

Die Schere schneidet schnick-schnack-schnick
Papier und Stoff, ob dünn, ob dick.
Doch wer nicht acht gibt ganz genau,
kann sich verletzen – au, au, au!

Das Zündholz brennt die Kerze an
und Vaters Pfeife dann und wann.
Doch wehe, wenn man unbedacht
mit Feuer einen Brand entfacht.

Dann brennt es heiß und lichterloh
und Mensch und Tier schrei'n mordio.

Mariechen, das Vergißmeinnicht

Die Mutter sagt: „Mariechen, lauf,
mir schnell mal Milch und Butter kauf!"
Marie vergißt es, spielt im Garten
und läßt die Mutter warten, warten.

Der Vogel ruft: „Ach piep, piep, piep,
mir doch ein bißchen Futter gib!"
Marie vergißt es, spielt im Garten
und läßt den Vogel warten, warten.

Die Katze schreit: „Miau, miau!
mich hungert sehr, Mariechen, schau!"
Marie vergißt es, spielt im Garten
und läßt die Katze warten, warten.

Mariechen spielt allein im Garten,
vergißt die andern, läßt sie warten;
da wird sie, glaubt es oder nicht,
zum Blümelein Vergißmeinnicht.

Aus: Moritaten für Kinder

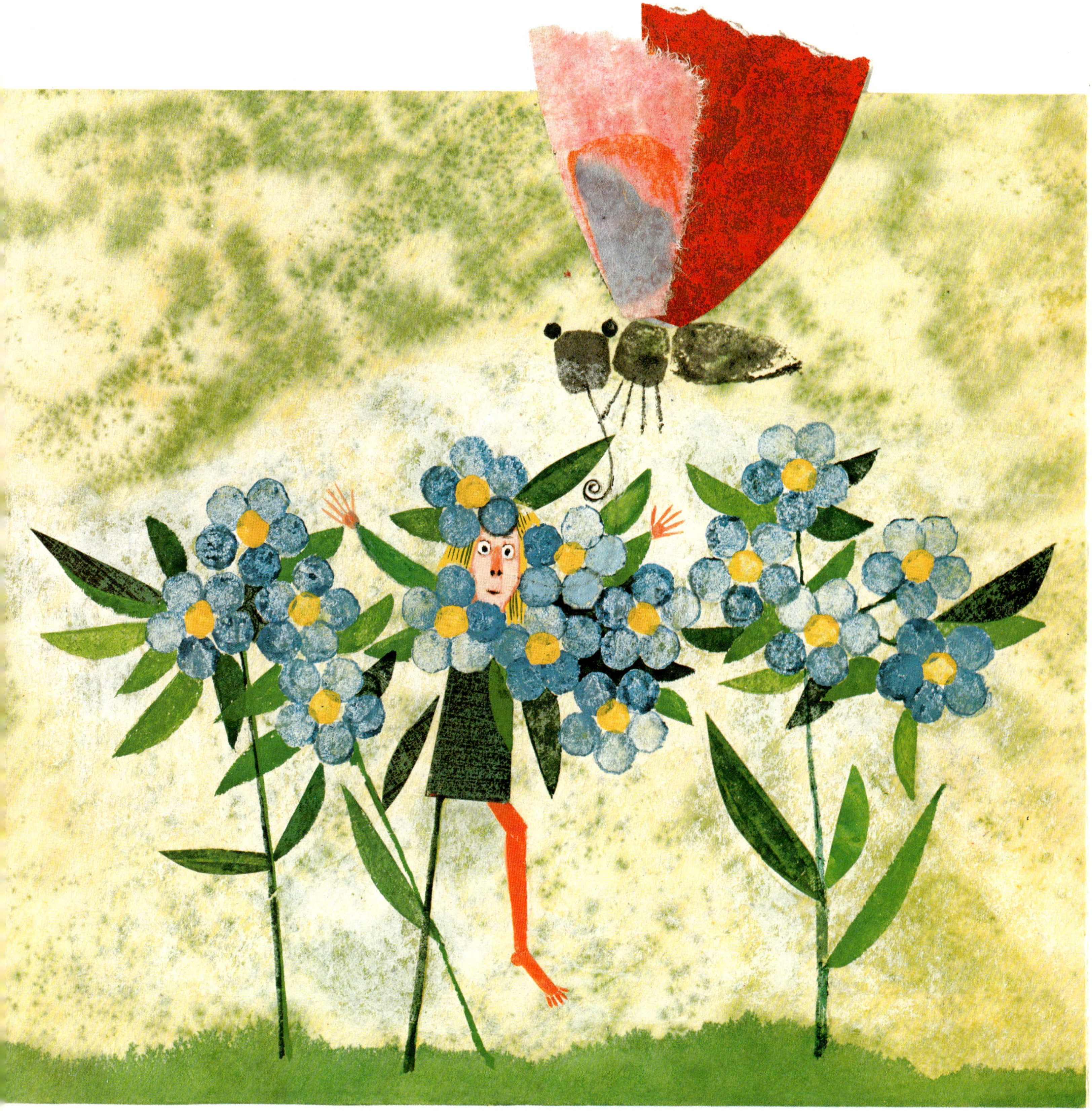

Blindekuh

Liebe Kinder, hört gut zu!
Wollt ihr spielen „Blindekuh"?
Tut es ja nicht auf der Straße,
sondern nur im grünen Grase.

Macht es nicht wie diese beiden,
sonst müßt ihr große Schmerzen leiden;
und dann kommt das Blut ganz rot,
und auf einmal seid ihr tot.

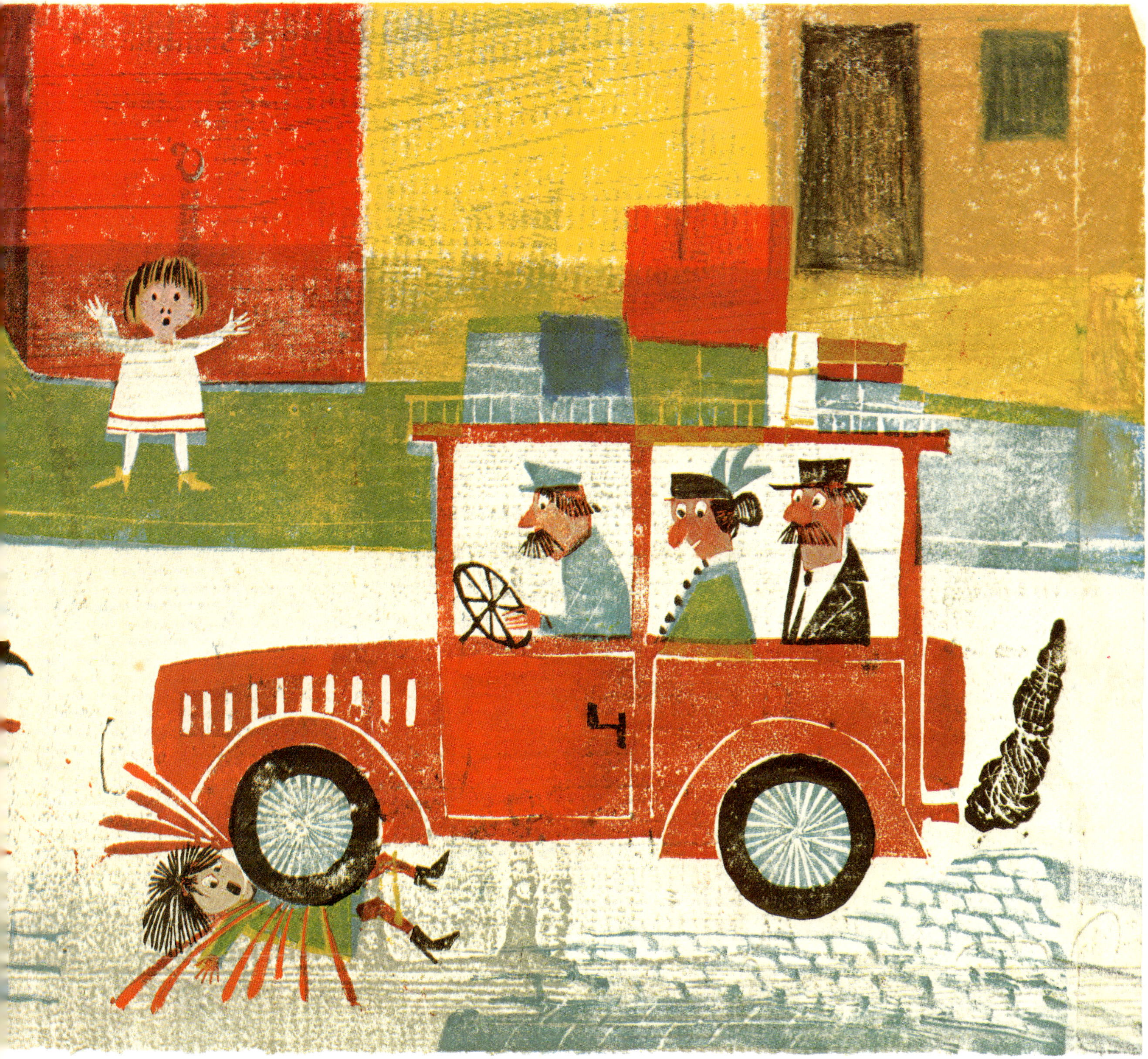

Der schöne Erich

Der Erich war ein schönes Kind,
so, wie nicht alle Kinder sind.

Doch einmal hat er was gemacht,
da wurde schwarz er wie die Nacht.

Und das kam so:

Der Erich baute sich ein Schiff,
und als der Wind ganz heftig pfiff,
da fuhr er froh und munter
den kleinen Bach hinunter.

Der Bach hier in die Isar mündet,
die er schon sehr viel breiter findet.

So schwamm der Erich dann ganz heiter
auf der grünen Isar weiter.

Bis wieder, nach geraumer Zeit – die Isar in die Donau fließt;
der Erich war nun schon ganz weit – hier kann man sehn, wie blau sie ist.

So eine Flußfahrt, die ist schön,
da kann man fremde Länder sehn.

Er sah die großen Schiffe ziehn
auf der Donau – bis nach Wien.

Der Erich fuhr auch in der Nacht,
das Wasser schaukelte ihn sacht.

Er schwamm drei Tage so daher,
bis dann die Donau floß ins Meer.

Das Meer war schwarz, die Häuser weiß,
von oben schien die Sonne heiß.

Doch plötzlich kam mit Regenschauer
eine dunkle Wolkenmauer.

Die Wellen wurden wie ein Haus
und warfen ihn zum Schiff hinaus.

Und der Erich kam mit Not
an das Land mit seinem Boot.

Der Himmel wurde wieder bläulich, der Erich aber war abscheulich. Er war ganz schwarz, es war ein Graus. Da lief der Erich schnell nach Haus.

Zu seiner Mutter lief er heim,
die bleichte ihn im Sonnenschein.

Da war der Erich wieder schön,
ganz frisch und sauber anzusehn.

Zum Schlusse nehmt es euch zur Lehr',
fahrt nicht in das Schwarze Meer.

Das bunte Bilderbuch

Das Pferd spannt man vor einen Wagen.
Der Esel, der muß Säcke tragen.

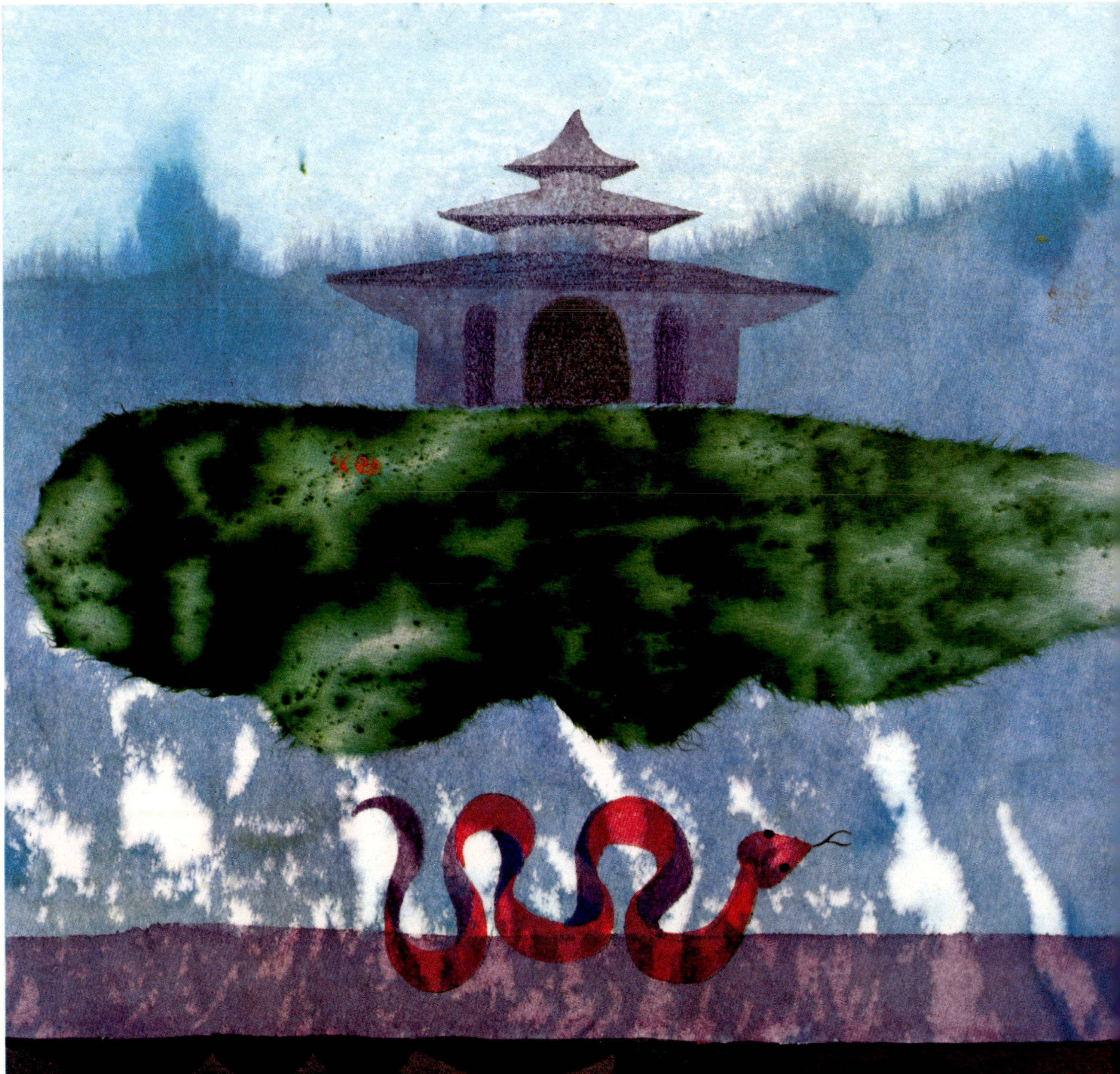

Der Elefant ganz langsam geht,
wie ihr auf diesem Bilde seht.

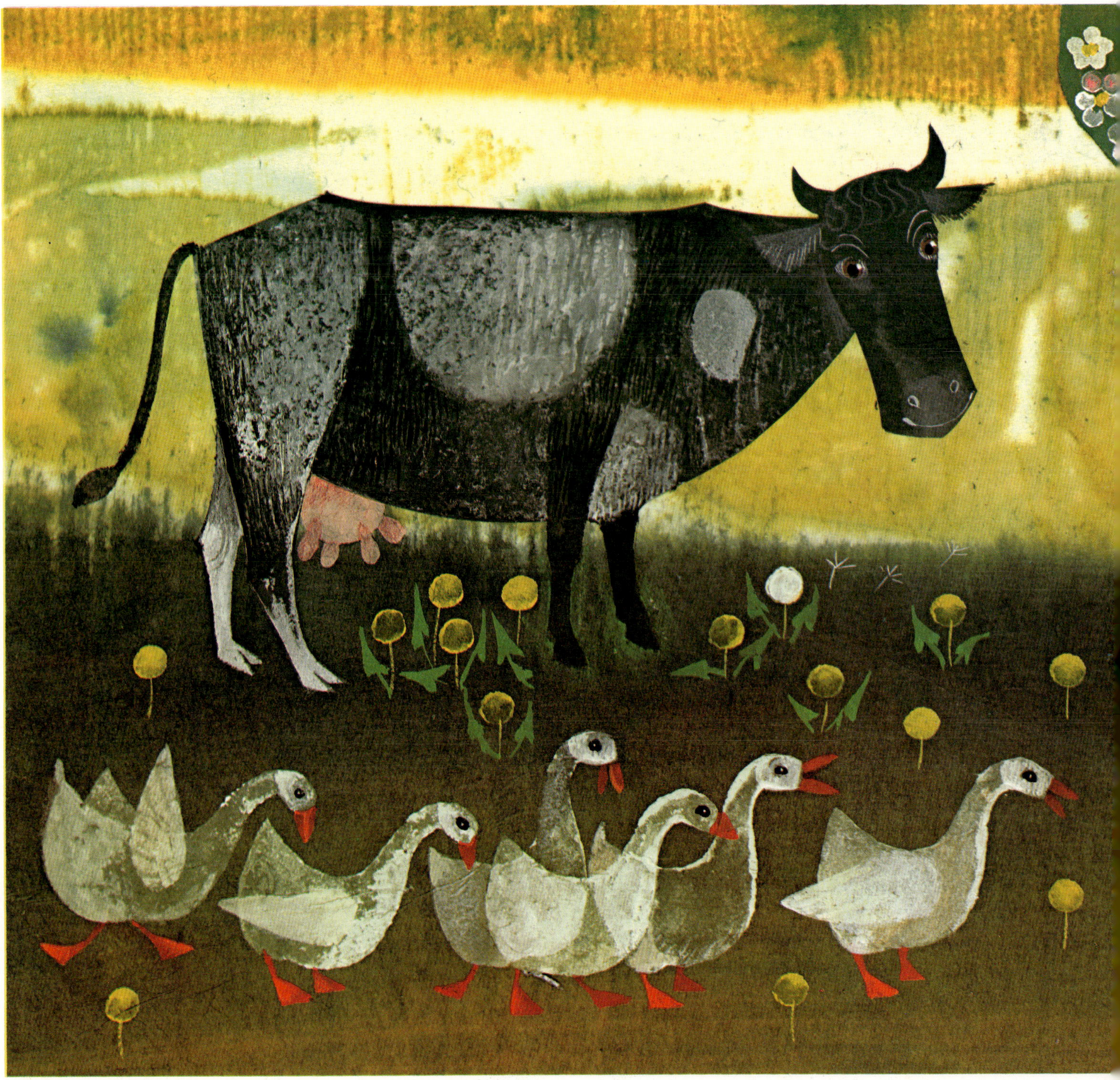

Die Kühe fressen auf der Weide.
Die Gänse gehn im weißen Kleide.

Antonia

In einer Vorstadtsiedlung, wo sich die Stromleitung über die letzten Gärten spannt und die Häuser schon an Wiesen und Felder grenzen, wohnte ein kleines Mädchen mit ihren Eltern und ihrem Bruder Franz.

Dieses kleine Mädchen hieß Antonia.

Antonia hatte lange braune Haare und olivgrüne Augen und eine merkwürdige Begabung: Sie konnte sich verwandeln.

Manchmal geriet ihr eine Verwandlung ganz unverhofft, fast ohne eigenes Zutun. So, wie an jenem heißen Tag, als sie in der Regentonne saß, um sich abzukühlen. Plötzlich war sie ein Frosch!

Als erste sah es die Mutter, denn sie rief: „Komm heraus, du kleiner Wasserfrosch, du erkältest dich sonst!"

Pitsch, patsch, kam der Frosch aus dem Wasser. An der Haustüre angekommen, rief er: „Quak, quak, Königssohn, du schönster, mach mir auf!"

Mit dem Königssohn meinte der Frosch den Franz, der auch sogleich kam und ihm die Türe auftat.

Der Franz ließ den nassen Frosch dann auf seinem Schoß sitzen. Der Frosch durfte auch von seinem Teller essen und aus seinem Becher trinken.

Nachher durfte der Frosch bei ihm im Bette schlafen, so wie der Froschkönig in früheren Zeiten bei der Prinzessin.

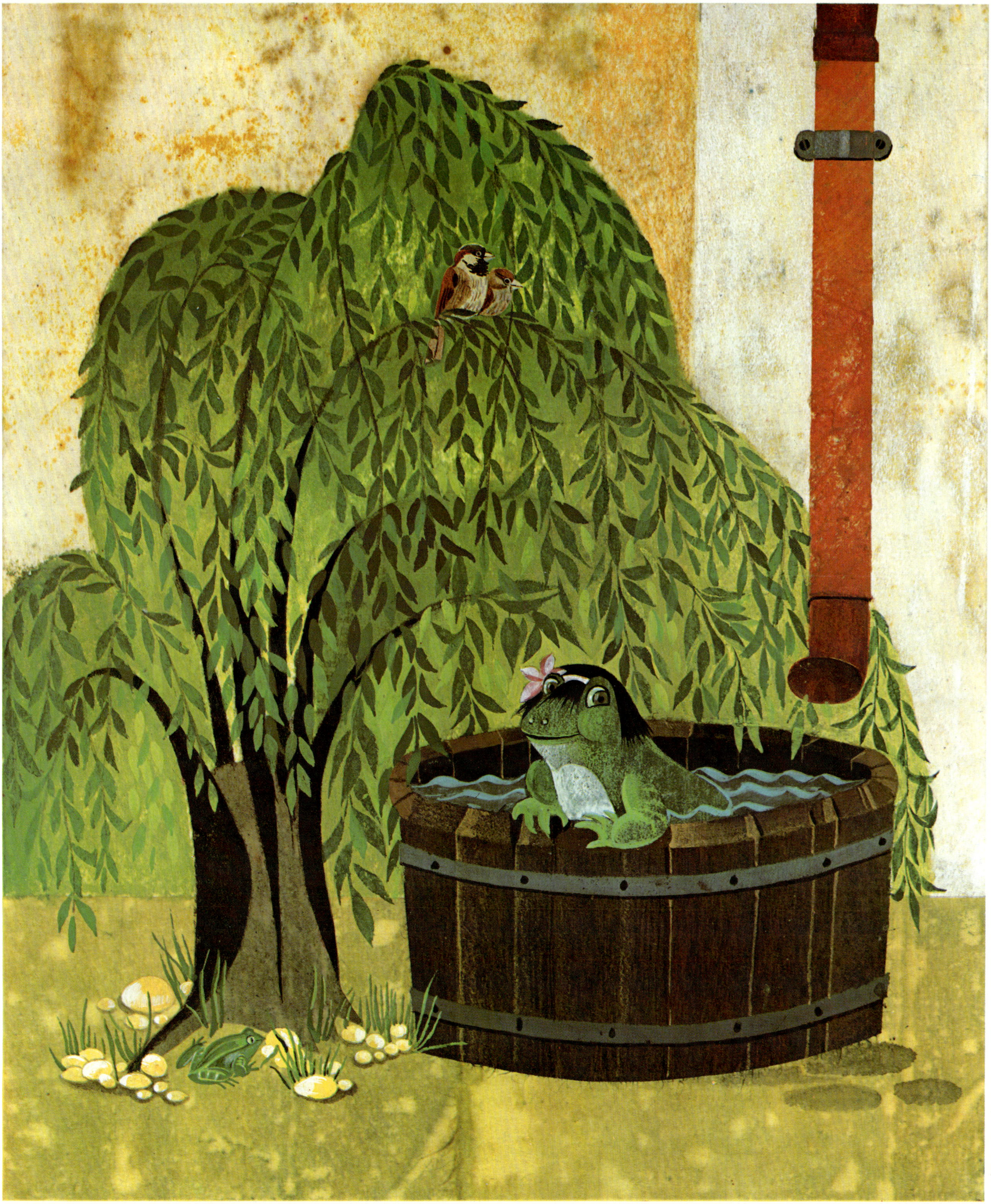

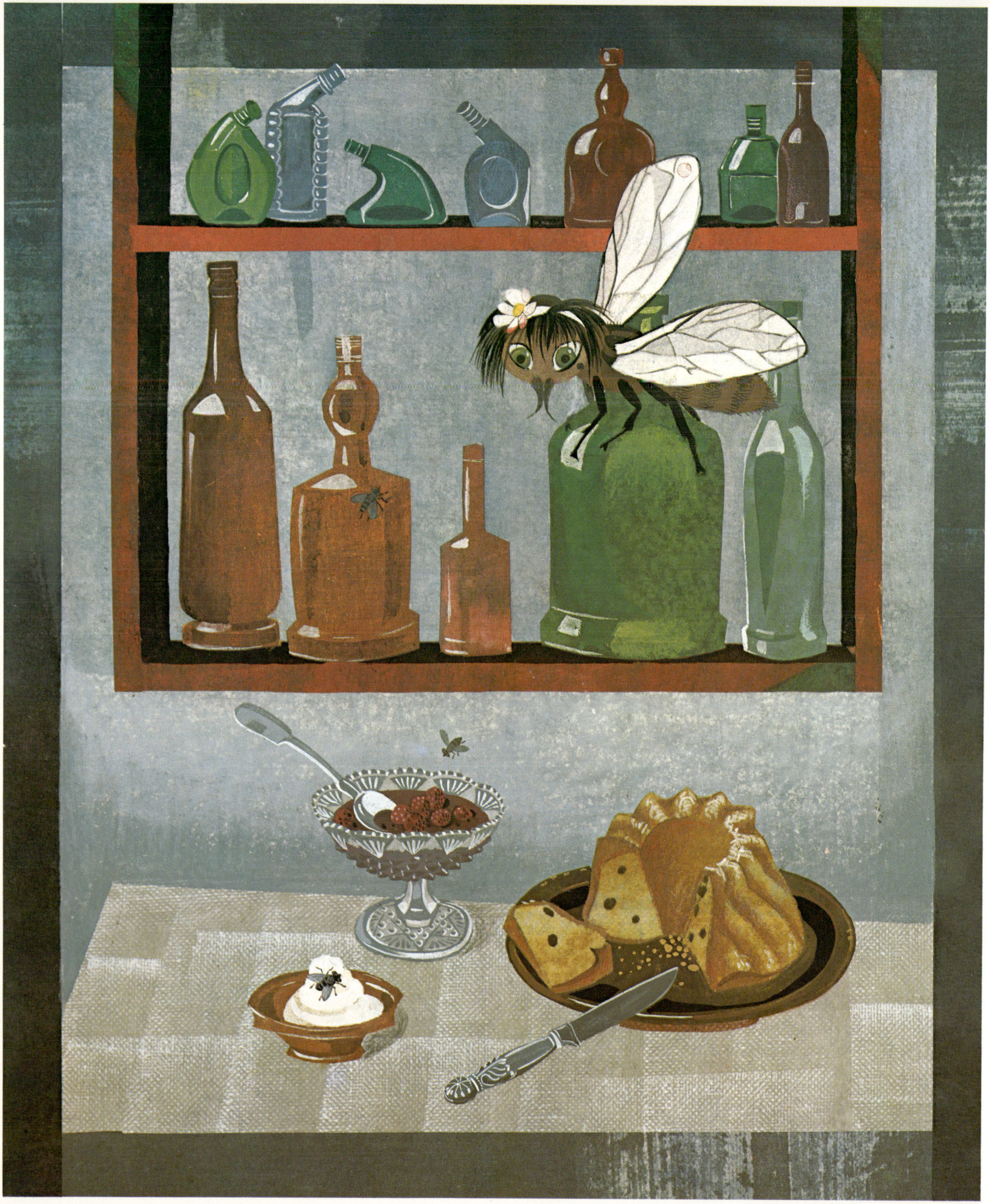

Der Franz ging ins Gymnasium. Er machte gute Aufsätze. Er schrieb auch Gedichte. Bei einem Gedicht wurde Antonia immer traurig. Es heißt ‚Regentag' und geht so:

>Aus den Wolken fallen Tränen
>wie Regentropfen in den Bach.
>Regen tropft von meinen Wangen
>ob ich weine, ob ich lach'.

Der Franz war sehr mitleidig mit den Tieren und tat keiner Fliege etwas zuleide. Trotzdem war es für Antonia eine gewagte Sache, als Fliege in der Stube herumzusurren. Sehr oft lauerte nämlich eine dicke Spinne in irgendeiner Zimmerecke. Und die Mutter hatte auch eine Fliegenklappe, mit der sie allen Fliegen von Zeit zu Zeit den Garaus machte.

Am sichersten sitzt man als Fliege auf Kuchen, Schlagsahne oder Marmelade. Denn wer haut schon mit der Fliegenklappe auf die guten Sachen? Von solchen Plätzen wird eine Fliege für gewöhnlich nur verscheucht.

Mit Vorliebe verwandelte Antonia sich in eine Prinzessin.

Als Prinzessin hatte sie eine Kammerzofe! Als Prinzessin wurde sie sehr schön bedient!

„Wünschen die gnädigste Prinzessin zu speisen?" konnte man die Mutter als Kammerzofe reden hören, wenn sie das Essen auf den Tisch stellte. Oder, wenn sie das Wasser in die Wanne laufen ließ zum Baden: „Darf ich Ihre Lieblichkeit in die Badewanne bitten?"

Die Mutter war oft ganz komisch.

Gab es etwas Gutes, zum Beispiel die ersten Erdbeeren, von denen Antonia gar nicht genug bekommen konnte – die Mutter machte sich nichts aus ihnen. Salatherzen aß sie auch nicht.

Es kam auch vor, daß sie sich plötzlich auf einen Stuhl fallen ließ und sagte: „Ach, was bin ich müde! Kinder, geht ins Bett!" Oder: „Hab ich einen Hunger! Eßt, Kinder!"

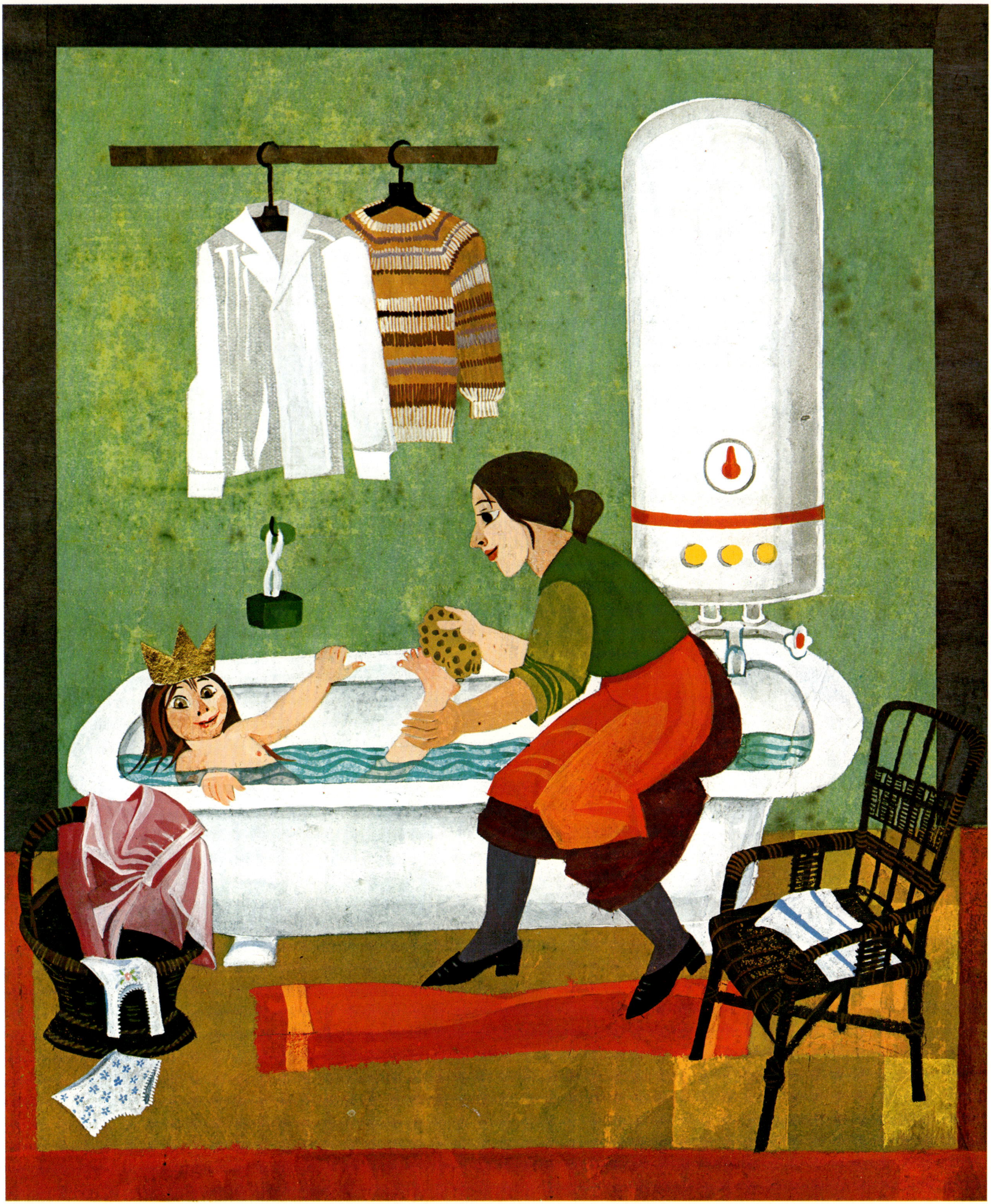

Auch verwandeln konnte sich die Mutter ein wenig:

Mit der Zeit war ihr kleiner Finger krumm geworden und ihre zwei unteren Eckzähne wuchsen langsam immer weiter nach vorne.

„Ach ja", sagte sie einmal, als sie vor dem Spiegel stand, „bald werde ich eine Hexe sein."

Darüber erschrak Antonia ganz furchtbar. Doch die Mutter beschwichtigte sie gleich. „Sobald ich eine Hexe bin", sagte sie, „suchen wir uns im Wald ein schönes Plätzchen und machen uns ein gutes Leben. Dann bauen wir uns ein Hexenhaus nahe an einem Forellenbach, und wenn wir Lust auf Fisch haben, braten wir uns einen auf heißer Glut.

Von den Feldern holen wir uns Kartoffeln oder Maiskölbchen, oder wir suchen Pilze im Wald. Löwenzahnblätter und Sauerampfer werden unser Salat sein und Waldbeeren unsere Nachspeise."

Von so einem Leben freilich war Antonia begeistert. Eine Zeitlang beobachtete sie gespannt den Hexenfinger und die Hexenzähne der Mutter, doch eine Verwandlung war kaum zu bemerken – sie geschah zu langsam.

Im Verwandeln war sie der Mutter weit überlegen.

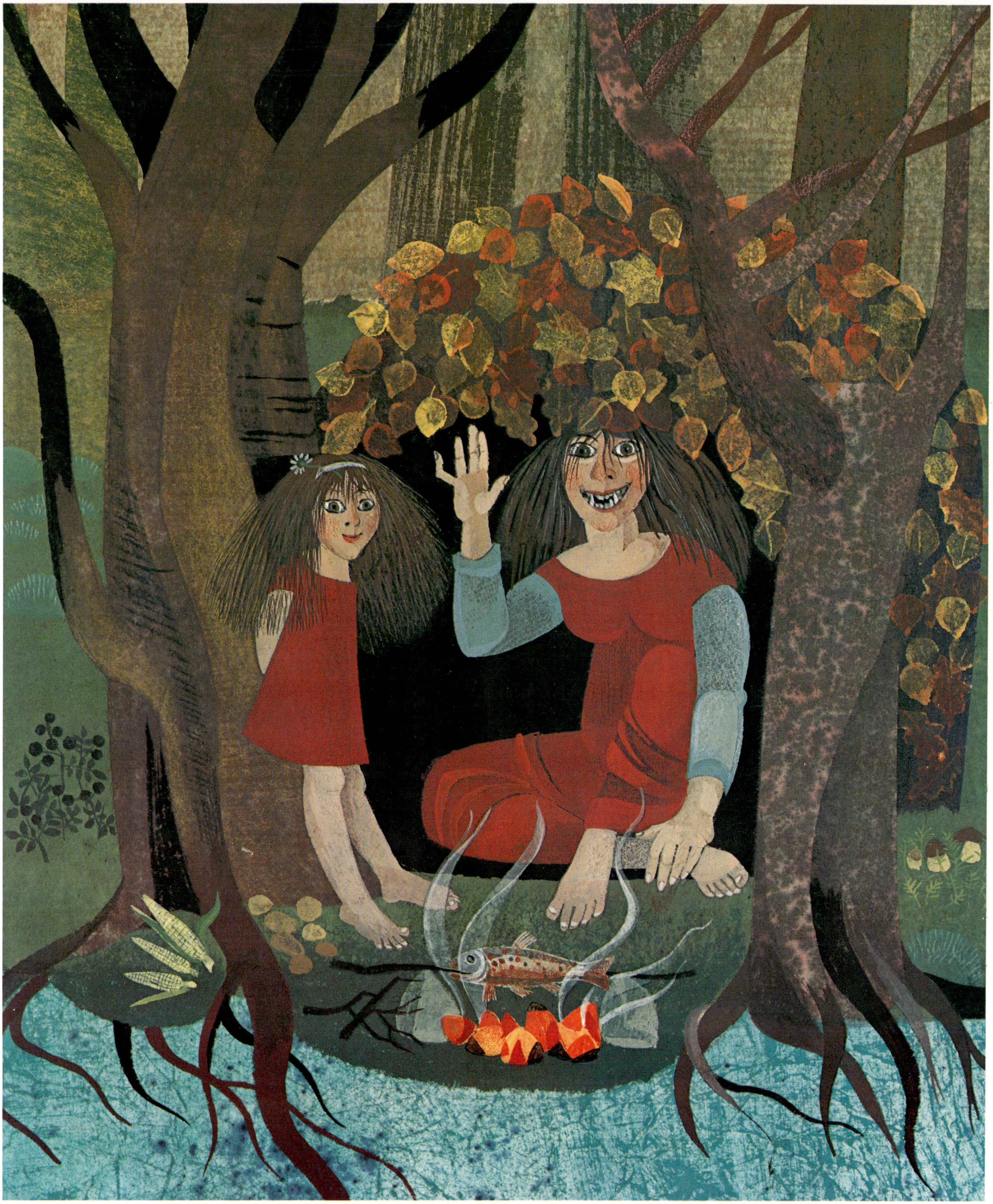

Oft rannte Antonia als Pony im Garten herum. Dann kam sie in die Stube getrabt, wo Ponys eigentlich nichts zu suchen haben. Und ärgern konnte sich das Pony, wenn man seine Sprache nicht verstand. Am besten verstand es der Franz. Der Franz war sehr gut in Fremdsprachen. Für die Nacht richtete der Franz dem Pony draußen im Schuppen ein schönes, trockenes Lager aus Heu. Er breitete eine Decke übers Heu, gab dem Pony zu fressen und zu saufen und schlief bei ihm im Stall.

Wie wohl tat das dem Pony, wenn der Franz ihm seine braune Mähne kämmte!
Oder wenn er ihm ein Stück Würfelzucker gab!
Der Franz war ein guter Ponypfleger. Es war ein herrliches Ponyleben!

Als Hund aber hatte Antonia ein Hundeleben!
Was so ein armer Hund alles mitmachen muß, kann man sich erst vorstellen, wenn man selber einer gewesen ist. Einer ohne Heimat, ein Ausgestoßener, Fortgejagter – hungrig und müde.
Als solcher kam er eines Tages vor die Haustür und winselte.
„Mein Gott, ein Hund!" rief die Mutter. „Was soll ich denn mit einem Hund, ich habe doch Katzen!"
Aber der Franz stellte ihm gleich eine Schüssel Milch mit eingebrocktem Brot hin. Aus der durfte er schlabbern. Dann band er ihm eine Leine um den Hals und richtete ihn ab. Er brachte ihm schöne Kunststücke bei, die für einen Hund ganz wichtig sind, wie Männchen machen, Pfötchen geben und apportieren.

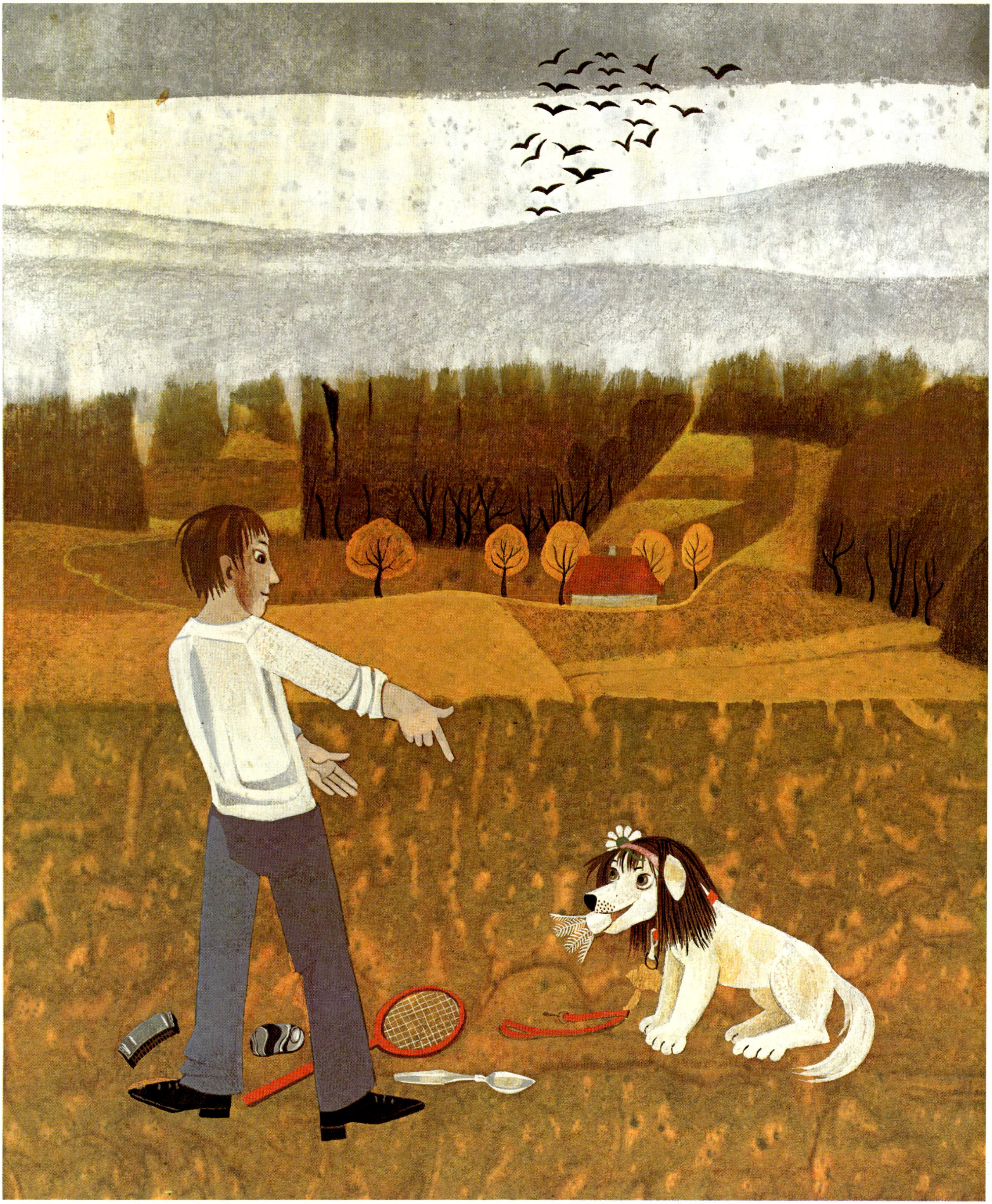

Wenn Antonia dem Franz imponieren wollte, verwandelte sie sich in ein Zirkusmädchen.

Das Zirkusprogramm lief genau nach Plan ab. Eröffnet wurde es mit einem anmutigen Knicks.

Nun, nach dem ersten Applaus, schlug das Zirkusmädchen ein paar Räder. Dann stieg es auf die Schaukel und schaukelte sich ganz hoch hinauf.

Plötzlich, mitten im sausenden Schwung, streckte es kühn einmal das eine, dann das andere Bein vorwärts oder seitwärts oder rückwärts in die Luft. Der Höhepunkt der Nummer aber war es, wenn das Zirkusmädchen gleichzeitig mit einem Bein auch noch einen Arm in die Luft streckte.

Der Zirkus fand immer im Gestänge eines riesigen Stahlmastes der Überlandwerke statt. Dieser Mast stand im Garten. Die Mutter mochte ihn nicht.

Der Vater hatte nichts gegen den Mast. Ihm gefiel er. „Er schaut fast aus wie der Eiffelturm in Paris", sagte er.

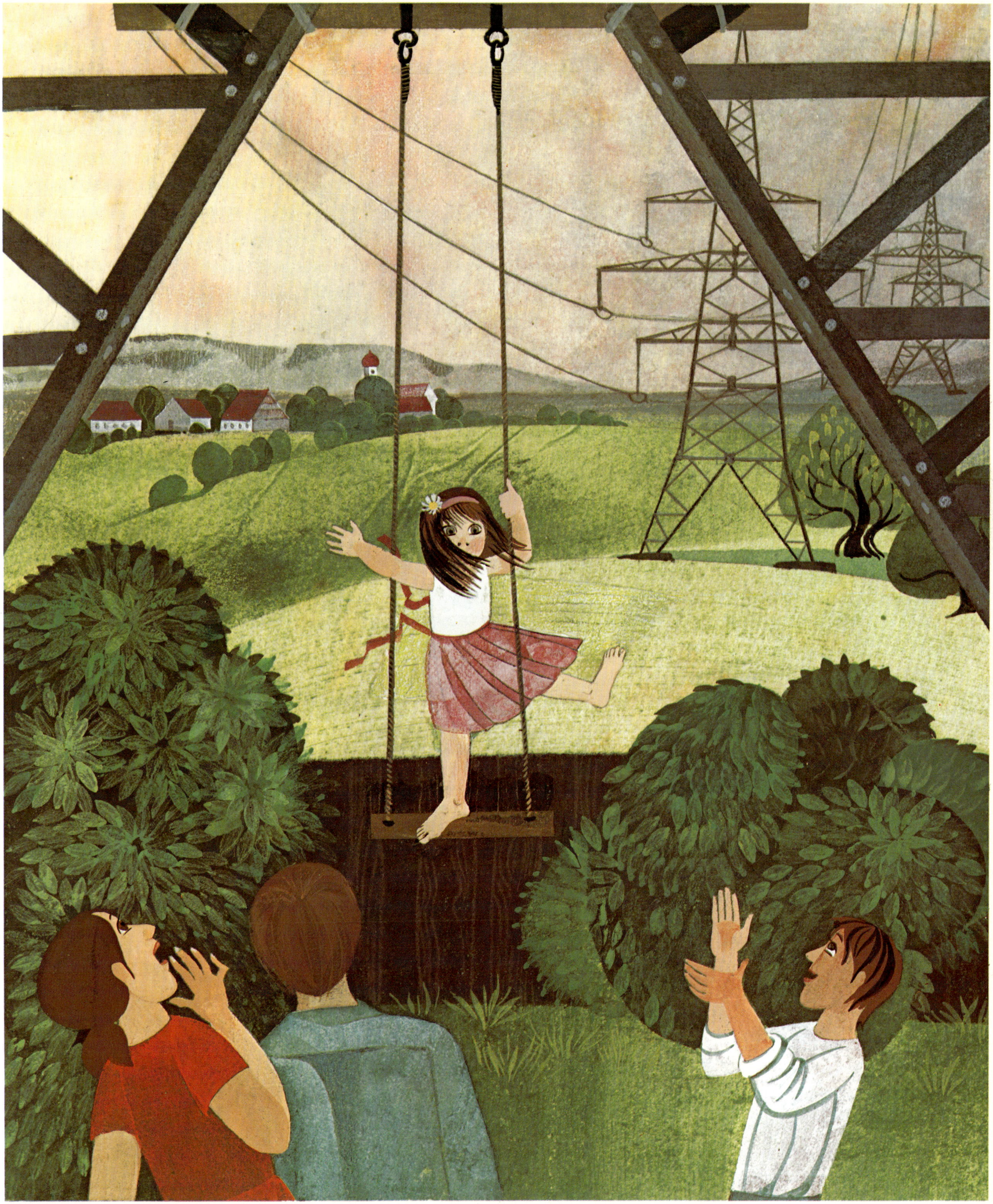

In seiner Freizeit war der Vater ein Erfinder. Er baute an einer Maschine, die war sein ganzer Stolz.

Diese Maschine konnte waschen, putzen, klopfen, heizen, abstauben – und sie war gesund. Denn sie wurde mit Muskelkraft betrieben, und deshalb war sie auch sparsam. Der Vater hielt nämlich nichts von unsinniger Stromverschwendung. Als Klima-Anlage war die Maschine besonders geeignet. Mit Windflügeln ausgestattet und in Schwung gebracht, erzeugte sie einen angenehmen, kühlen Wind. Im Winter konnte die Maschine heizen. Zu diesem Zweck montierte ihr der Vater zwei große Metallscheiben an, wobei die eine feststand und die andere sich drehte, so daß sie aneinanderrieben.

Der Vater sagte immer: „Reibung erzeugt Wärme, das ist ein physikalisches Gesetz." Das stimmte auch, denn mit der Zeit wurden die Metallscheiben ganz schön heiß.

Die Mutter hielt von dieser Heizung nichts. Sie hatte es lieber gemütlich und heizte im Winter den Ofen.

Tapfer war der Vater nicht.

Kam die Antonia als wilder Räuber, nahm der Vater auf Kommando sofort die Hände hoch. Wollte es der Räuber, legte sich der Vater der Länge nach auf den Boden. Und schrie der Räuber: „Geld her oder das Leben!" gab er ihm lieber sein Geld.

Auf diese Weise kam der Räuber immer wieder zu Kleingeld, denn alle Fünferl und Zehnerl wurden seine Beute.

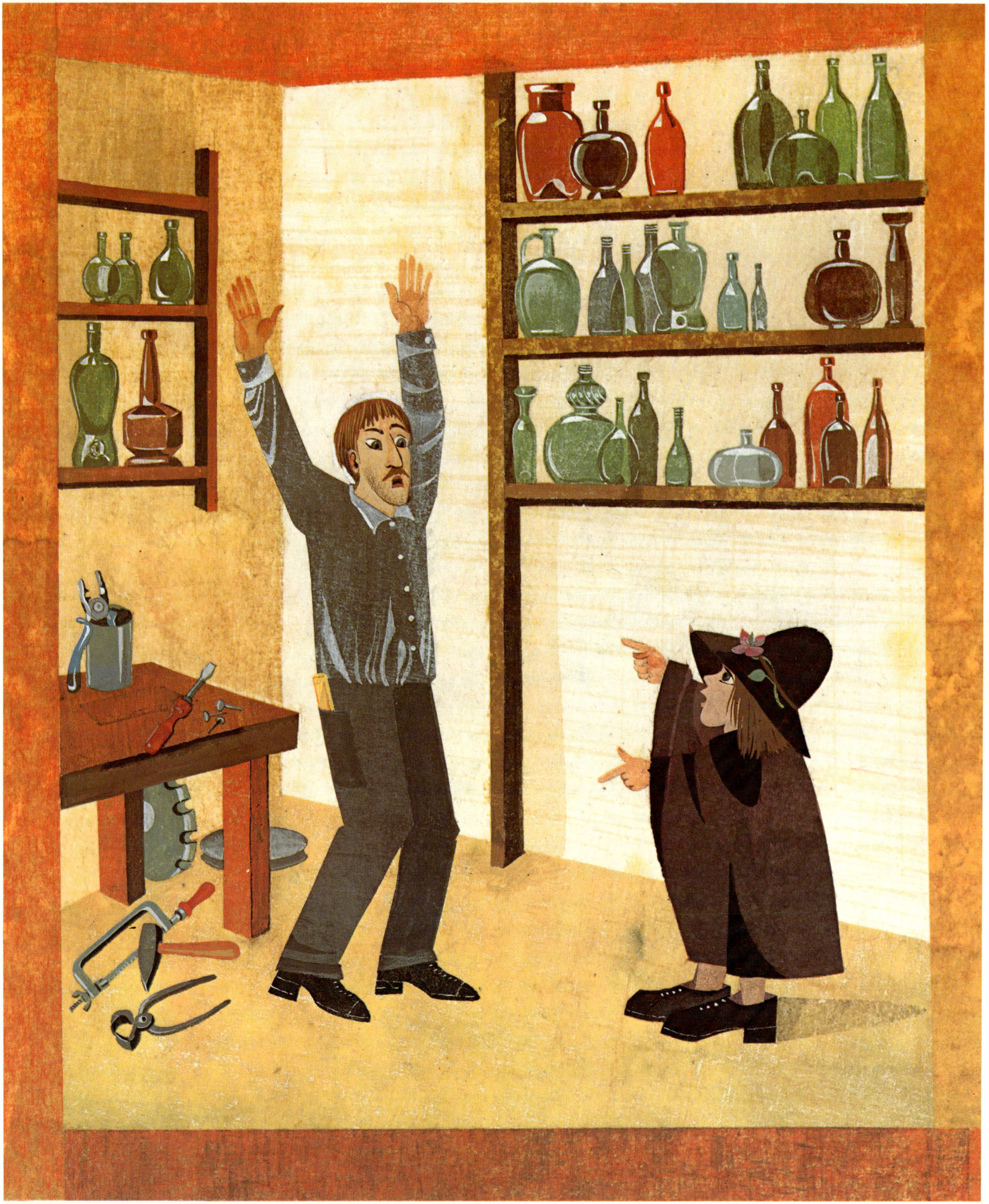

Sehr gerne verwandelte sich Antonia in etwas, das zu sein sie sich normalerweise gar nicht vorstellen konnte, etwa in eine Schmetterlingspuppe.
Dann hing sie eingesponnen in ihr Gespinst an einem Ast wie in einer Hängematte.
Eine Schmetterlingspuppe braucht nichts zu essen – also auch keine Milchhaut und keinen Kümmel. Sie braucht nichts zu trinken – darum auch keinen Hollersaft. Sie kann nicht laufen – also kann sie auch keine Milch holen. Sie kann nicht denken und lernen – und deshalb auch keine Hausaufgaben machen. Sie kann überhaupt nichts tun – also auch nicht abspülen.

Eine Schmetterlingspuppe schaut fast aus wie tot. Aber ganz in ihr selbst lebt sie und verwandelt sich auf geheimnisvolle Weise in einen Schmetterling.
Als Schmetterling flattert sie lustig im Garten umher. Jede Blume wird von ihr besucht, und aus den Taubnesselblüten saugt sie den süßen Saft.

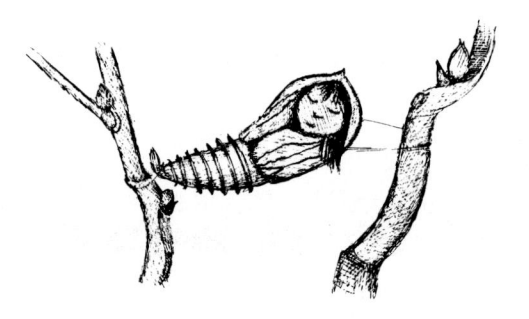

In der Schule ging es Antonia nicht gut.

Denn: War sie ein Hund, so durfte sie nicht bellen. Als Schmetterling durfte sie nicht fliegen. Und als Pony mußte sie ruhig auf ihrem Stuhl sitzen.
Am angenehmsten verging ihr die Zeit in der Schule als Dornröschen. Schlafend hinter der Dornenhecke, wartend auf ihren Prinzen, verging manche Stunde wie im Flug.
Ganz lustig war es immer, wenn sie Pippi Langstrumpf war.
Als sie aber einmal der Zappelphillip war, wurde es der Lehrerin zuviel. Dafür bekam Antonia von ihr einen Strafzettel. Den sollte sie den Eltern bringen, unterschreiben lassen und am nächsten Tag wieder in der Schule abliefern.

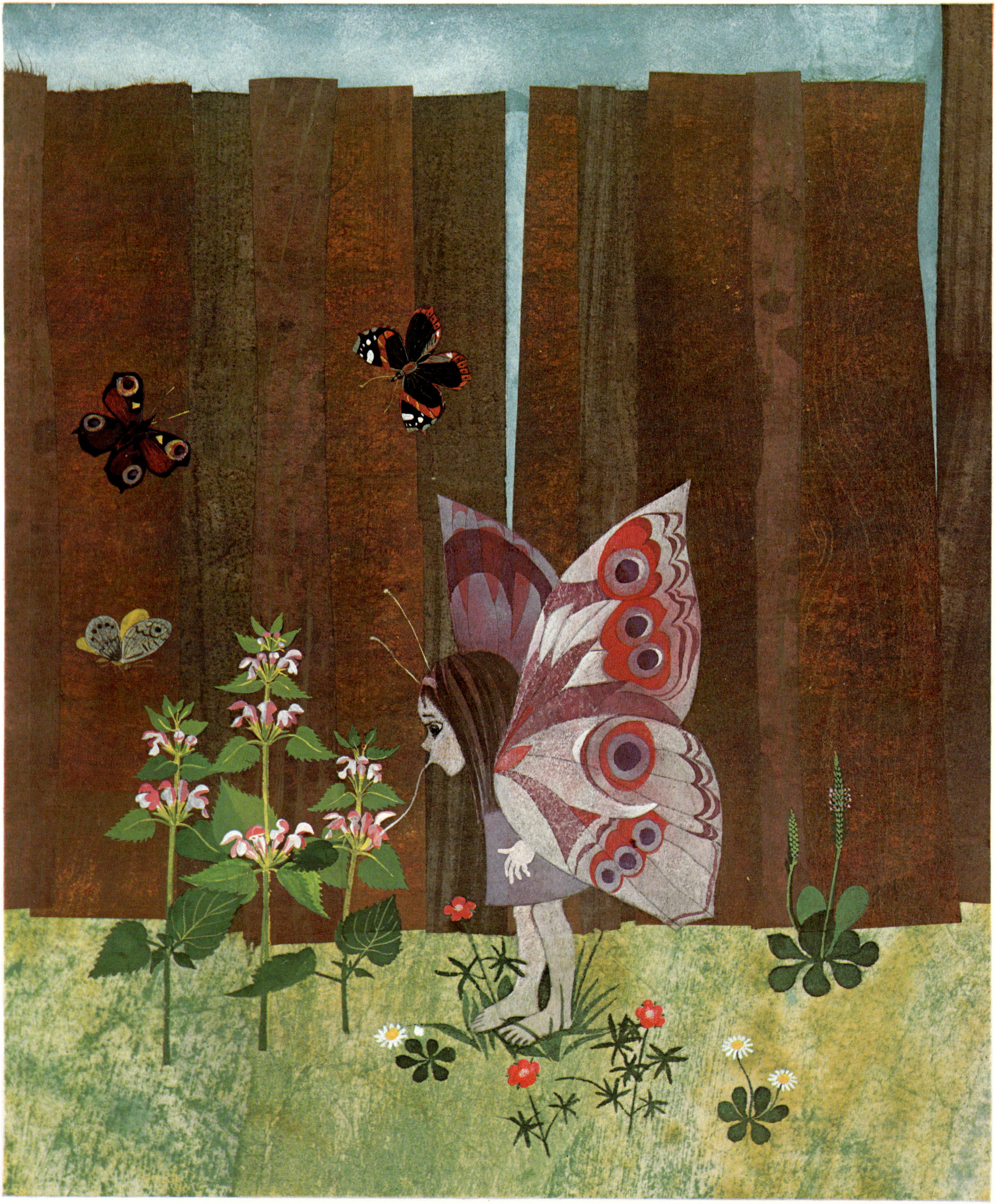

Dazu kam es aber gar nicht, denn schon auf dem Heimweg kam der Rabe Abraxas geflogen und holte sich diesen Zettel.

Auf dem alten Rotdorn sitzend, zerriß er ihn in lauter Fetzen. Dann drehte er kleine Kügelchen daraus und fraß sie mit einem Gefühl dunkler Genugtuung auf. Dabei ahnte dieser Unglücksrabe nicht, was er damit angestellt hatte. Denn am nächsten Tag, als Antonia den Zettel abliefern sollte, ihn aber nicht mehr hatte, bekam sie gleich einen neuen.

Es war ein Teufelskreis!

Der Franz sah darin keine Affäre.

„Mach dich doch unsichtbar", sagte er zu ihr.

Unsichtbar! Ja, da hatte er recht. Das war die Rettung.

Zuversichtlich trat Antonia am nächsten Morgen in das Klassenzimmer.

Aber – sofort traf sie der Blick der Lehrerin.

Zuerst versuchte Antonia, einfach nicht hinzuschauen. Sie versuchte auch, einfach nicht hinzuhören, als sie nach dem Zettel gefragt wurde.

Was konnte ihr die Lehrerin schon tun? Sie hatte sich doch verwandelt in eine Unsichtbare.

Daran hielt sie fest, so lange sie nur konnte.

Aber schließlich mußte sie es einsehen: Für die Lehrerin war sie so sichtbar wie immer. Die Lehrerin glaubte ihr auch die Geschichte von dem Raben Abraxas nicht, der den Zettel gefressen hatte...

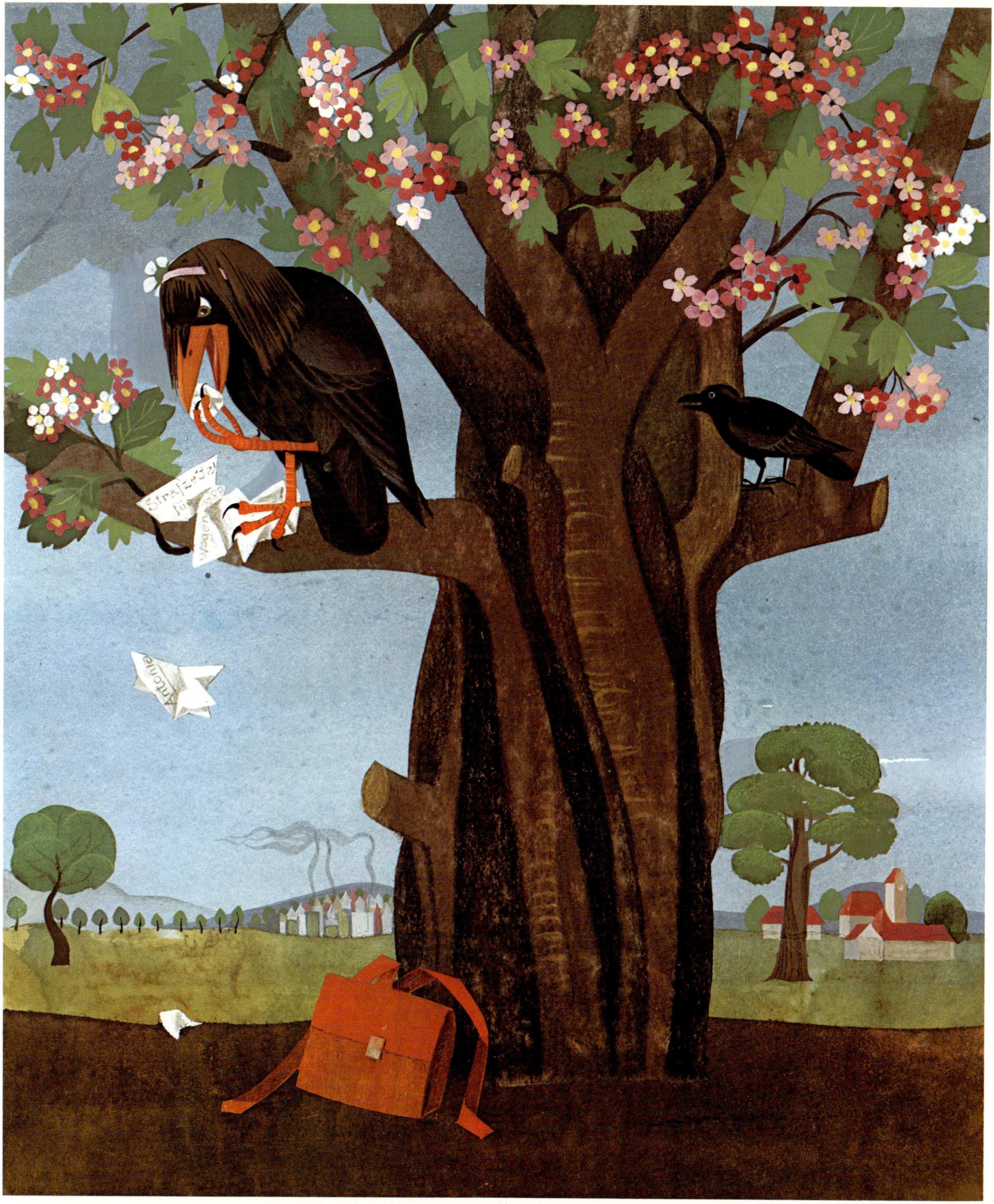
Strafzettel
wegen
Antonie

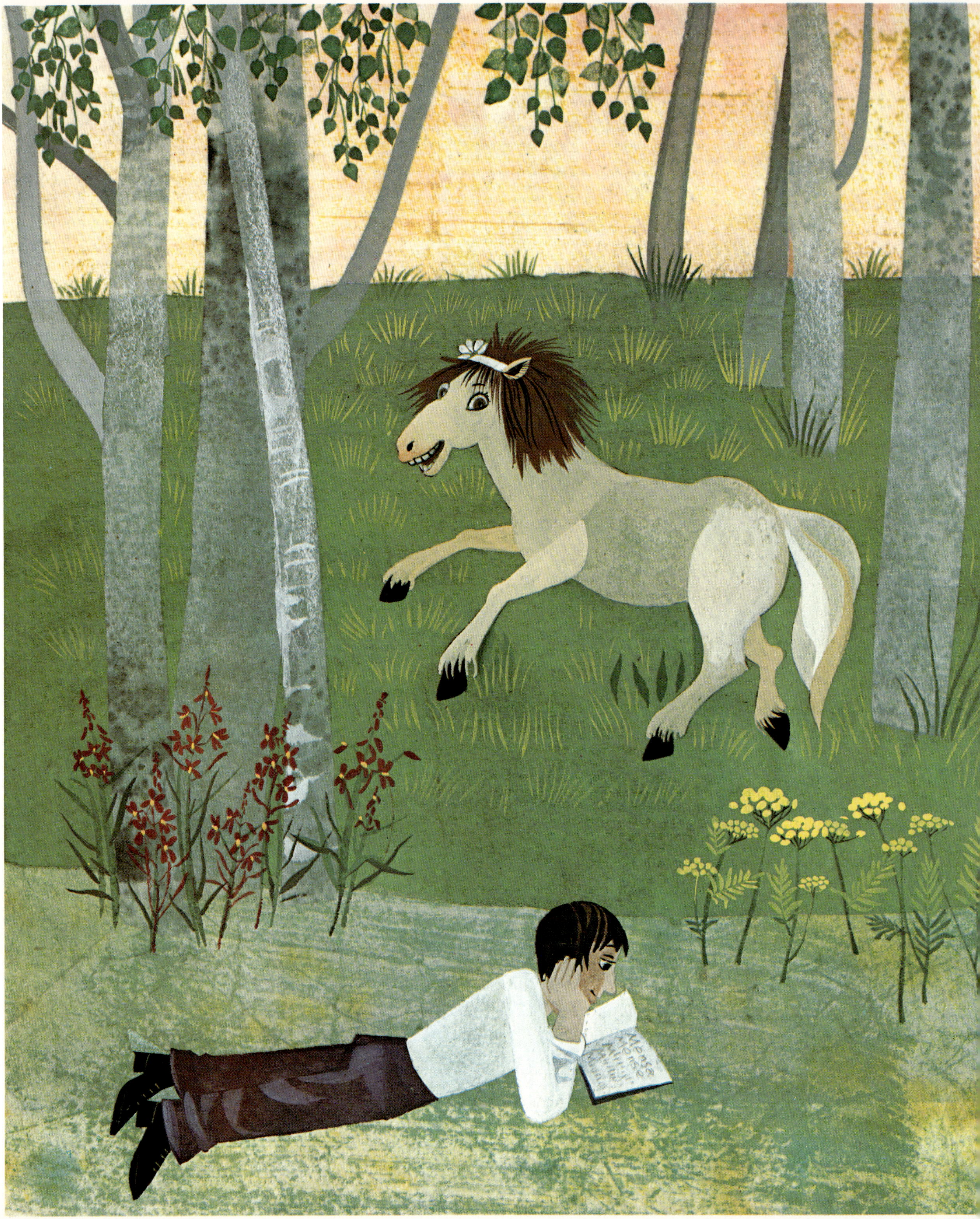
Mensa
Mense

… „So ist das Leben", sprach der Vater, als er davon erfuhr. Und die Mutter meinte: „Ob du der Lehrerin den Zettel nicht doch bringen solltest?"
„Dann tu ich ihr halt den Gefallen", sagte Antonia und brachte der Lehrerin am nächsten Tag den Zettel mit der Unterschrift der Eltern.

Beim Franz benahm sich die Antonia noch manchmal so, als wäre sie ein Frosch, ein Pony oder ein Hund. Für den Vater war sie auch hin und wieder noch ein Räuber. Schon wegen des Kleingelds.
Ein bißchen wunderte sich die Antonia, daß es noch niemand gemerkt hatte: Sie konnte sich nämlich gar nicht mehr verwandeln. Sie tat nur noch so.
Eines aber konnte sie immer noch: Sich vorstellen, wie anderen zumute ist. Weil sie nämlich wußte, was es heißt, ein Frosch zu sein oder ein Hund oder eine Fliege.

Und deshalb wird sie nie auch nur einer Fliege etwas zuleide tun.

Die Hasenmusikanten

Sie waren hochbegabte Musikanten, die beiden Hasen. Und vorzügliche Instrumentenbauer waren sie auch. Jeder hatte sein Instrument selbst gemacht; der eine seine Zither aus – Zittergras natürlich – und der andere seine Flöte aus einem Hollerzweig.

Wer was von Musik verstand, kam und musizierte mit.
Das Grillenfräulein zirpte die Begleitung. Herr Hummel-Brummel brummte den Baß und Frau Nachtigall sang die Melodie. Herrlich klang es – weithin.

Wenn ihr einmal Zeit habt, Kinder, setzt euch – husch, husch, husch, untern Hollerbusch– schneidet Flöten aus Hollerzweigen und blast hinein – und es wird ein Konzert geben, daß es herrlich klingt – weithin.

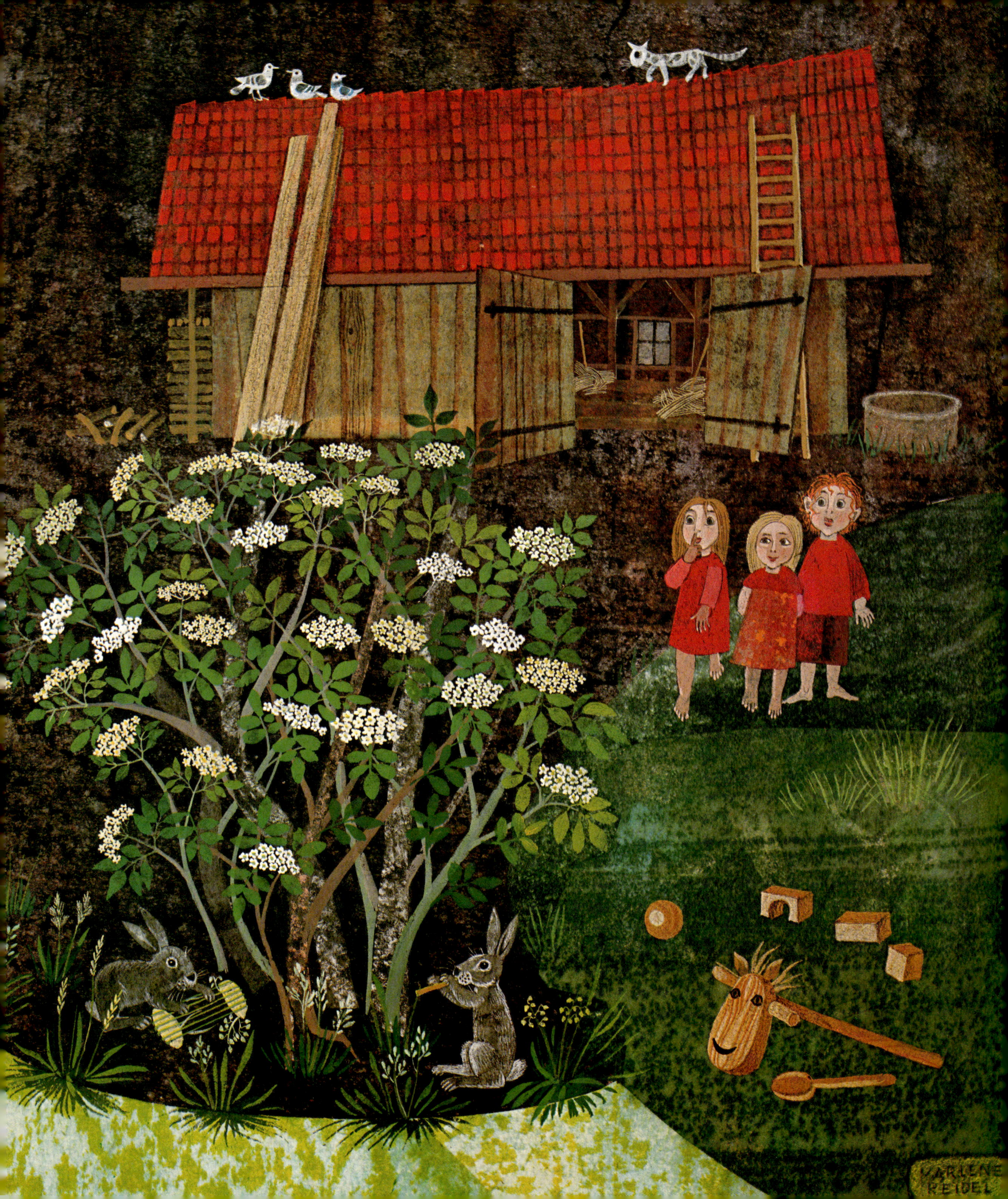
MARLENE
REIDEL

Der Roßkäfer

Einmal verspürte ein Roßkäfer Lust, seine Namensvettern zu besuchen. Zuerst ging er zum Roß. „Guten Tag!" grüßte er das Roß. Das ließ eben ein paar Roßäpfel fallen. „Gerade das Richtige für mich", sagte der Roßkäfer. „So ein Leckerbissen!"

Als er sich gesättigt und gestärkt hatte, ging er weiter zum Walroß. Das Walroß nahm eben ein Bad und planschte gewaltig im Wasser. Wasser spritzte auch auf den Käfer, daß es platschte. „Genau das Richtige für mich", freute sich der Roßkäfer. „Jetzt bin ich wieder frisch und sauber."

Gereinigt und erfrischt kam der Roßkäfer zur Roßkastanie. „Guten Tag!" sagte er zur Roßkastanie, die freundlich ihren Schatten auf ihn warf. „Wieder genau das Richtige für mich", sagte der Roßkäfer, setzte sich in die schattige Kühle und ruhte sich aus. Als der Roßkäfer wieder zu Hause war, erzählte er allen von seiner noblen und freigebigen Verwandtschaft.

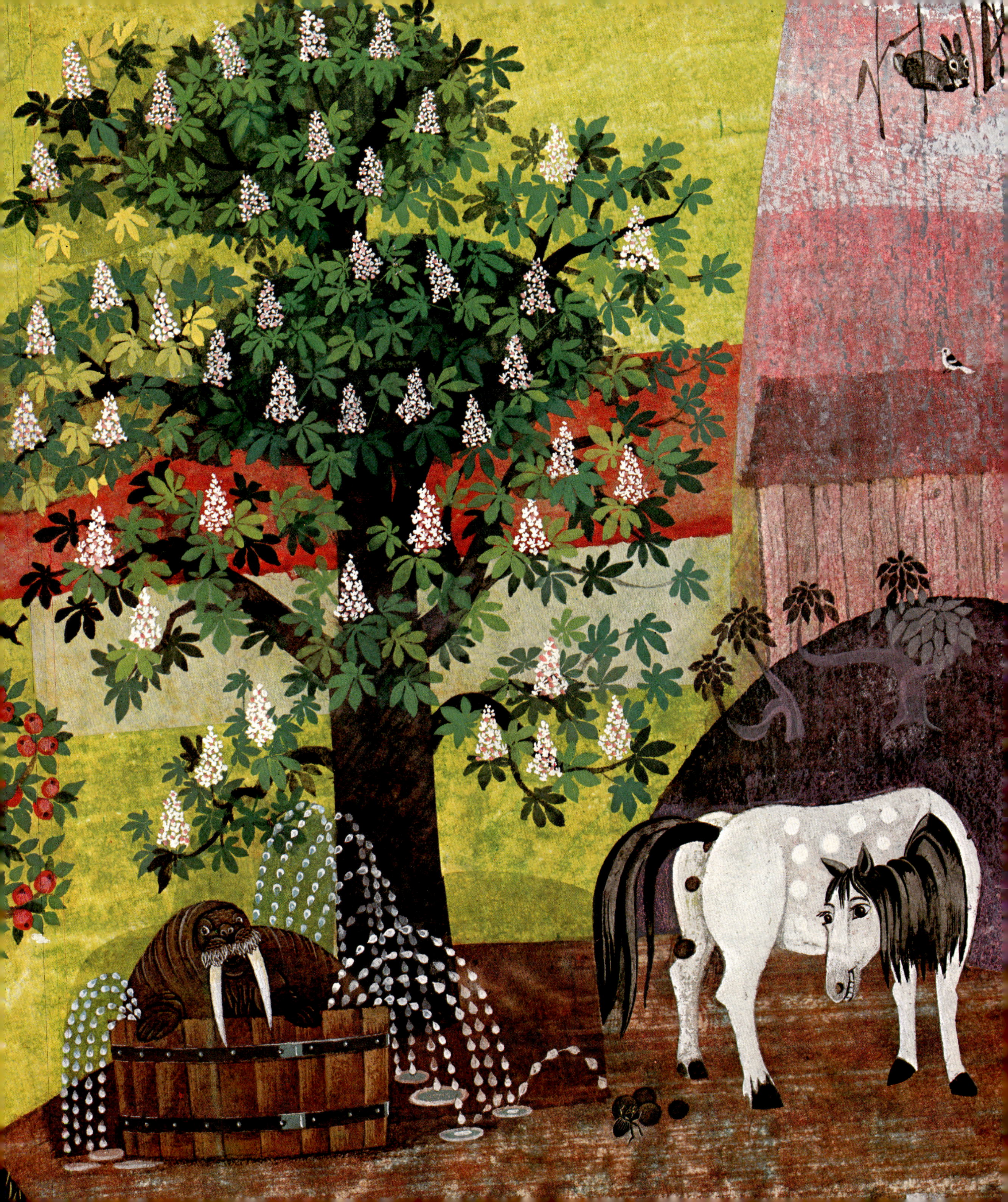

Schneetreiben

Drei Hasen saßen bei Schneetreiben im Dickicht und froren. „Verschlafen würde ich diese Zeit am liebsten", sagte der erste. „Ein Hamster möchte ich sein!"

„Und ich ein Stallhase!" sagte der zweite. „Dann hätte ich es warm und bekäme immer mein Futter."

„Und wofür bekämst du dein Futter?" rief der dritte. „Um fett zu werden und einen guten Braten abzugeben!"

Die Barthaare der drei Hasen zitterten. Sie kuschelten sich aneinander und schlossen die Augen. Sie träumten von Gras und Klee – und der Schneewind fegte durchs Dickicht.

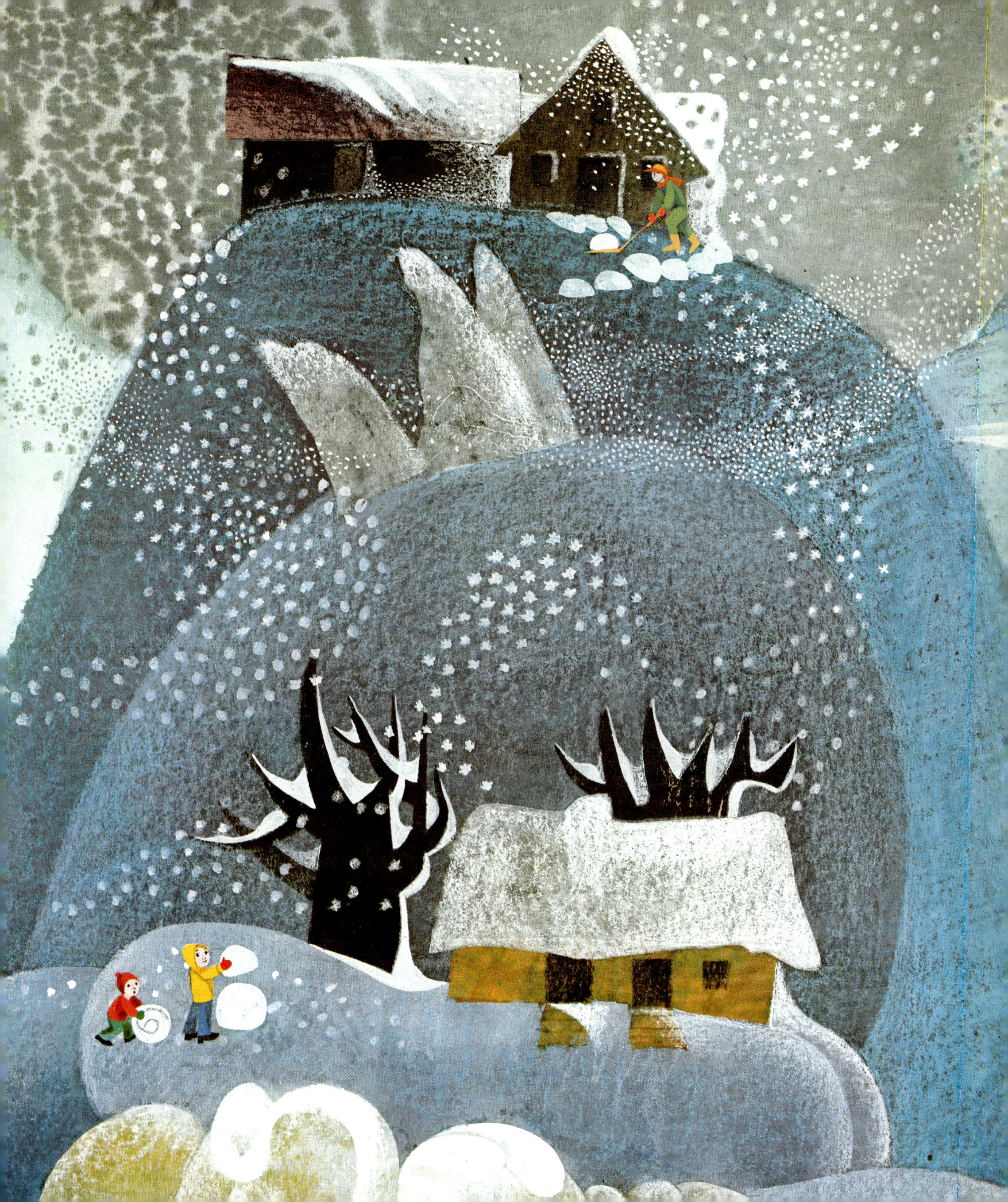

Der Gabriel mit dem Zauberstab

Ein Igel, der hat's gut,
weil keiner ihm was tut.

Er ist um seine Stacheln froh,
beim Gabriel war's ebenso.

Ein Zauberer fliegt durch die Nacht,
gibt auf den Zauberstab nicht acht.

Der rollt ihm von des Teppichs Rand
und fällt hinab ins dunkle Land.

Am Morgen dann, an dieser Stell',
da findet ihn der Gabriel.

Und er probiert sogleich ihn aus
und zaubert aus dem Garten raus

sich rote Äpfel, drei, vier Stück,
grad vor des Nachbarn starrem Blick.

Da kommen Fritz und Franz daher, Sie hatten ihn schon oft verhaut.
die sind wie Säcke, groß und schwer. Zur Strafe hat er nun, o schaut,

sie alle zwei ganz klein gemacht
und noch dazu recht ausgelacht.

Sie laufen hin zum Lehrer gleich.
Der sagt: „Das ist ein böser Streich."

Er will sofort den Zauberstab.
Doch weil der Gabriel nicht mag,

macht er ihm eine lange Nase
und läuft hinaus dann auf die Straße.

Und zaubert sich mit einem Wort
einen Roller und fährt fort.

Das sehn der Polizisten zwei,
und jeder hat ein Rad dabei.

Die nehmen die Verfolgung auf,
der Lehrer setzt sich hinten drauf.

Sie kommen ihm schon ganz schön nach.
Doch da kreuzt ihren Weg ein Bach.

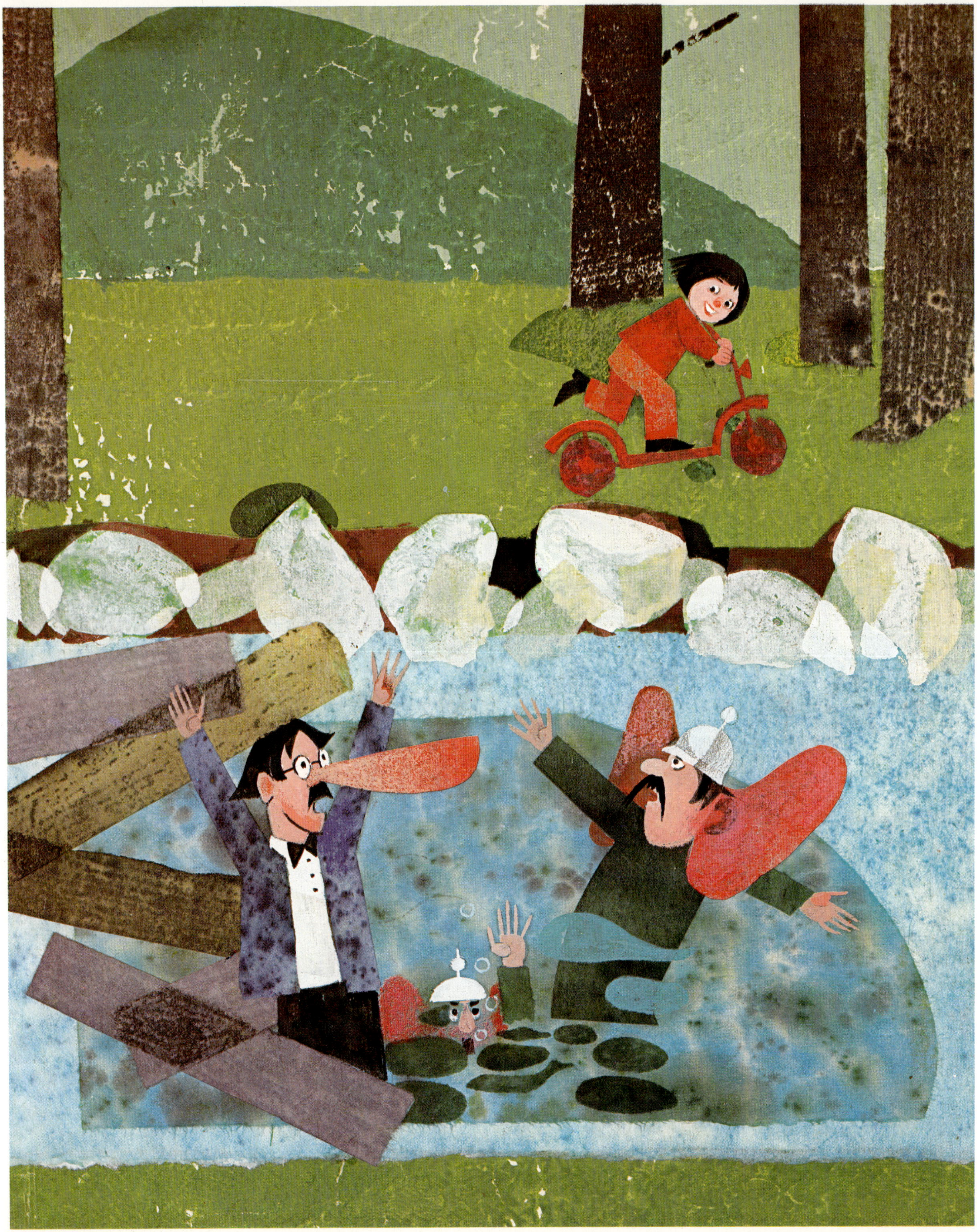

Schnell macht den Steg er zu Papier:
Die Wirkung davon seht ihr hier.

Und zaubert ihnen obendrein
noch Nas' und Ohren – nicht zu klein.

Ein Jäger mit dem Fernglas sieht,
was an dem Bache dort geschieht.

Vom Baume klettert er geschwind,
zu fangen dieses freche Kind.

Hetzt ihm die Hunde hinterdrein,
daß packen sie sein Hosenbein.

Gabriel wirft den Roller hin
und schlüpft darauf in den Kamin.

101

Ein Schornsteinfeger,
heißt's,
bringt Glück.

Doch hier wird er
zum Mißgeschick.

Er zieht und zerrt,
es ist ein Graus,
den Gabriel zum
Schornstein raus.

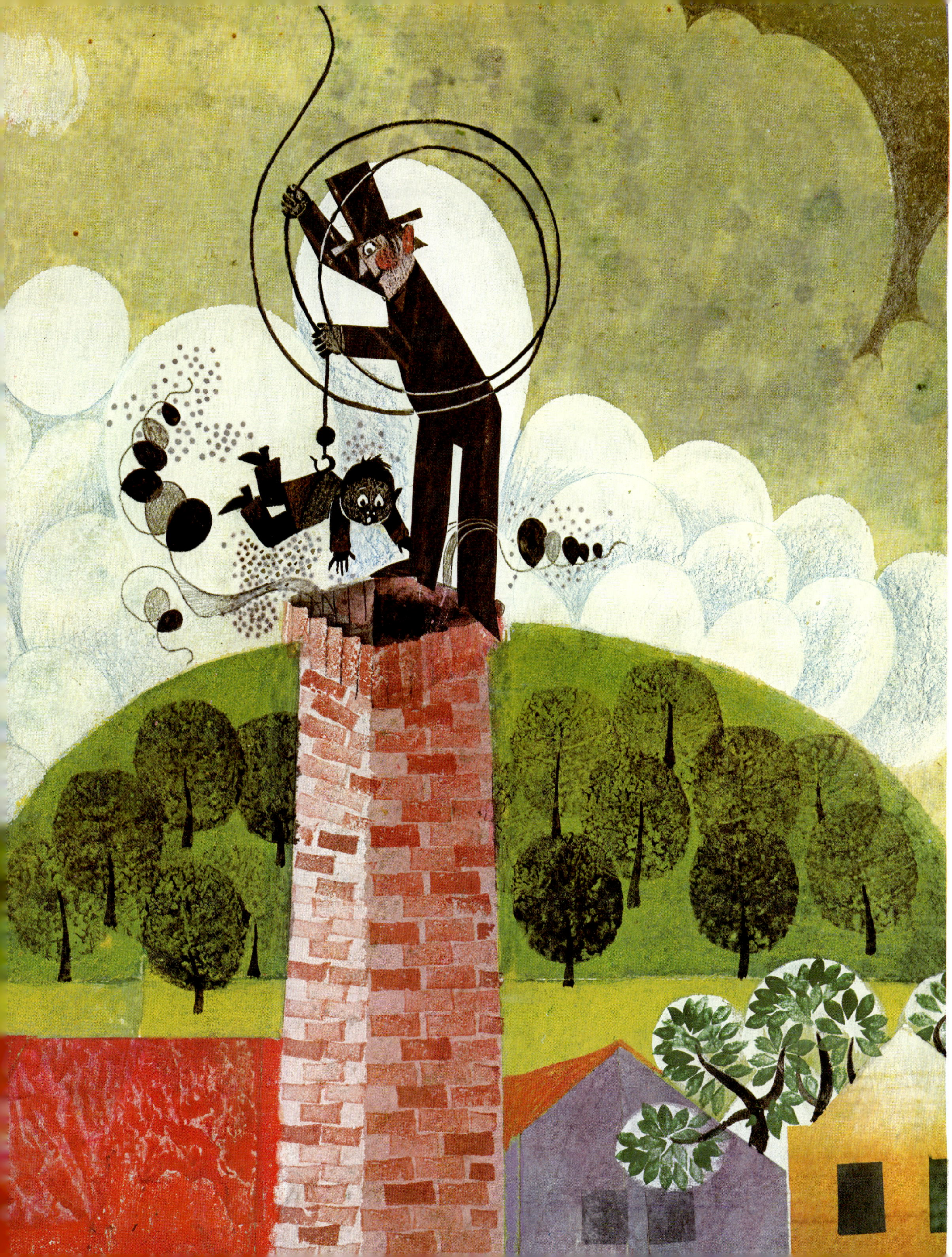

Der, wenn auch schwarz,
läßt sich nicht kriegen,

er macht sich Luftballons zum Fliegen.

Schwebt in den Himmel hoch hinauf.

Der Schutzmann unten
schreibt ihn auf.

Der Jäger denkt:
Den krieg ich schon,
und schießt auf einen Luftballon –
und trifft genau
und immer wieder,

da muß der Gabriel hernieder.

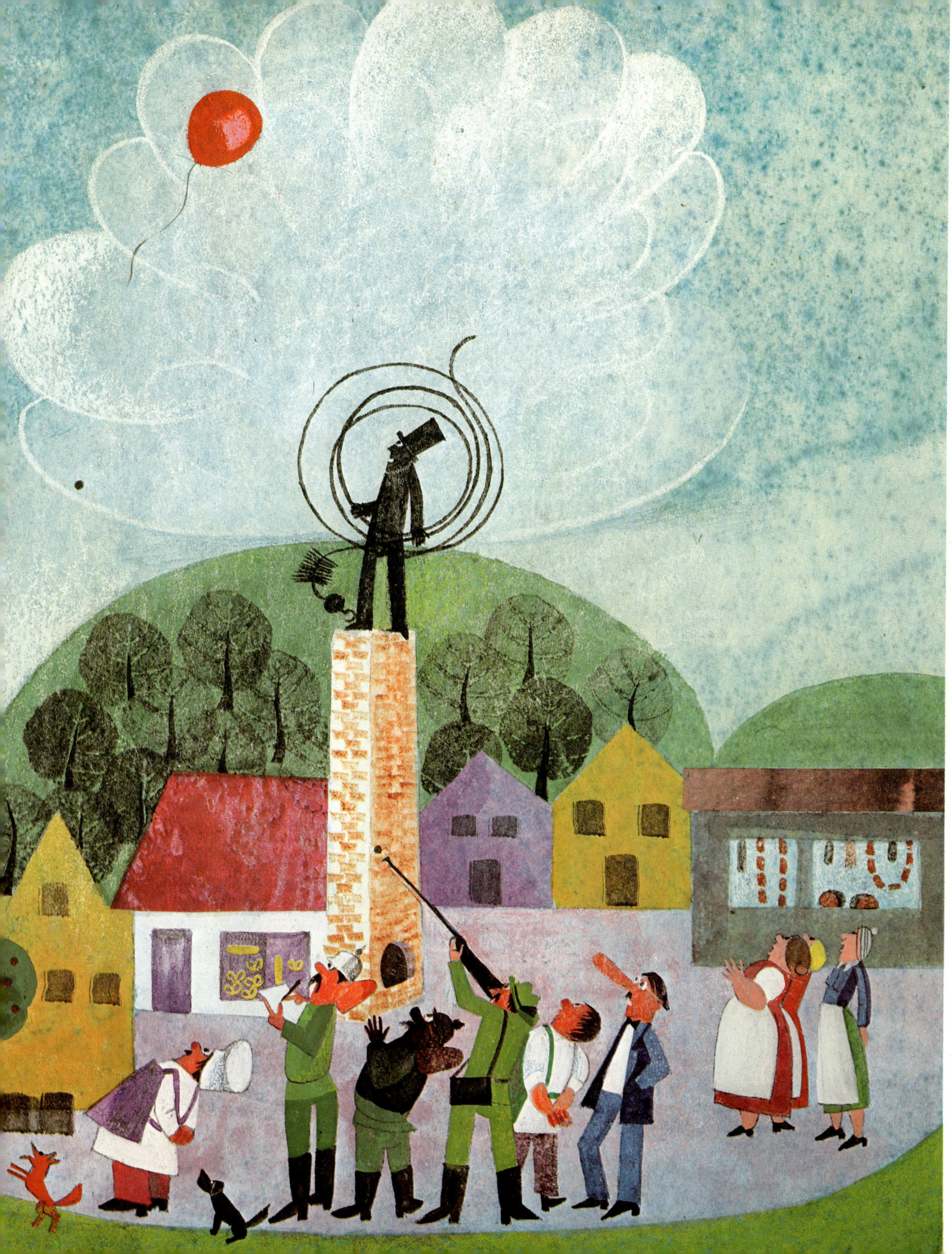

Ein Igel, der hat's gut
weil keiner ihm was tut.

Drum zaubert sich der Gabriel
ganz schnell ein solches Igelfell.

Da ruft den Doktor man herbei
mit Pillen gegen Zauberei.

Der Gabriel, der nimmt sie nicht
und lacht dem Doktor ins Gesicht.

Drauf führt man ihn mit einem Stricke zum Schmied, damit ihm dieser zwicke die Stacheln ab mit einer Zange. – Auf einmal wird es allen bange,

weil jetzt der gute Meister Schmied
ganz ähnlich einem Teufel sieht.

Da sagt der Schmied: „Hier hilft nichts mehr,
bei sowas muß der Pfarrer her."

Doch eh der Pfarrer helfen kann,
fliegt aus der Luft der Zaub'rer an.

Er faßt den Gabriel beim Rock
und nimmt ihm weg den Zauberstock.

Und mit dem Zauberstock vergeht
der ganze Zauber, wie ihr seht.

Die Ohren, Hörner, Schwänze, Nasen
sind plötzlich fort, wie weggeblasen.

Nun freuen sich die Leute sehr,
daß sie so schön sind wie vorher.

Dädalus und Ikarus

Im alten Griechenland lebte einst ein großer Künstler namens Dädalus. Die Figuren, die er schuf, waren so kunstvoll, daß man glauben konnte, sie lebten. Alle Welt achtete und rühmte ihn. Doch dann wuchs ein Jüngling heran, der noch größere Kunstfertigkeit besaß als er selbst. Neid und Eifersucht überkam den Dädalus, und er lockte den Jüngling auf einen hohen Felsen und stürzte ihn ins Meer.

Nach dieser Untat floh Dädalus mit seinem kleinen Sohn Ikarus und kam auf eine Insel. Auf dieser Insel herrschte ein König, der von Dädalus' Kunst schon viel gehört hatte, der nahm ihn auf, hielt ihn aber als Gefangenen und ließ ihn für sich arbeiten. Dädalus aber sann darauf, wie er fliehen könnte. Land und Wasser waren streng bewacht, nur die Flucht durch die Luft blieb ihm offen. Sorgfältig studierte er den Flug der Vögel. Und er begann, für sich und seinen Sohn Ikarus aus Vogelfedern und Bienenwachs kunstvolle Flügel zu bauen. Dann schnallten sie sich die Flügel an und flogen wie Vögel aufs offene Meer hinaus in Richtung Heimat. Höher und höher flog der übermütige Knabe Ikarus – trotz der Warnrufe seines Vaters. Immer näher kam er der Sonne, dem großen Himmelsfeuer. Da schmolz das Wachs, das die Federn zusammenhielt, in der Hitze. Die Flügel lösten sich auf, und der unglückliche Knabe stürzte ins Meer und ertrank.

Dädalus aber trauerte um ihn bis an sein Lebensende und sühnte so die Untat an dem jungen Künstler.

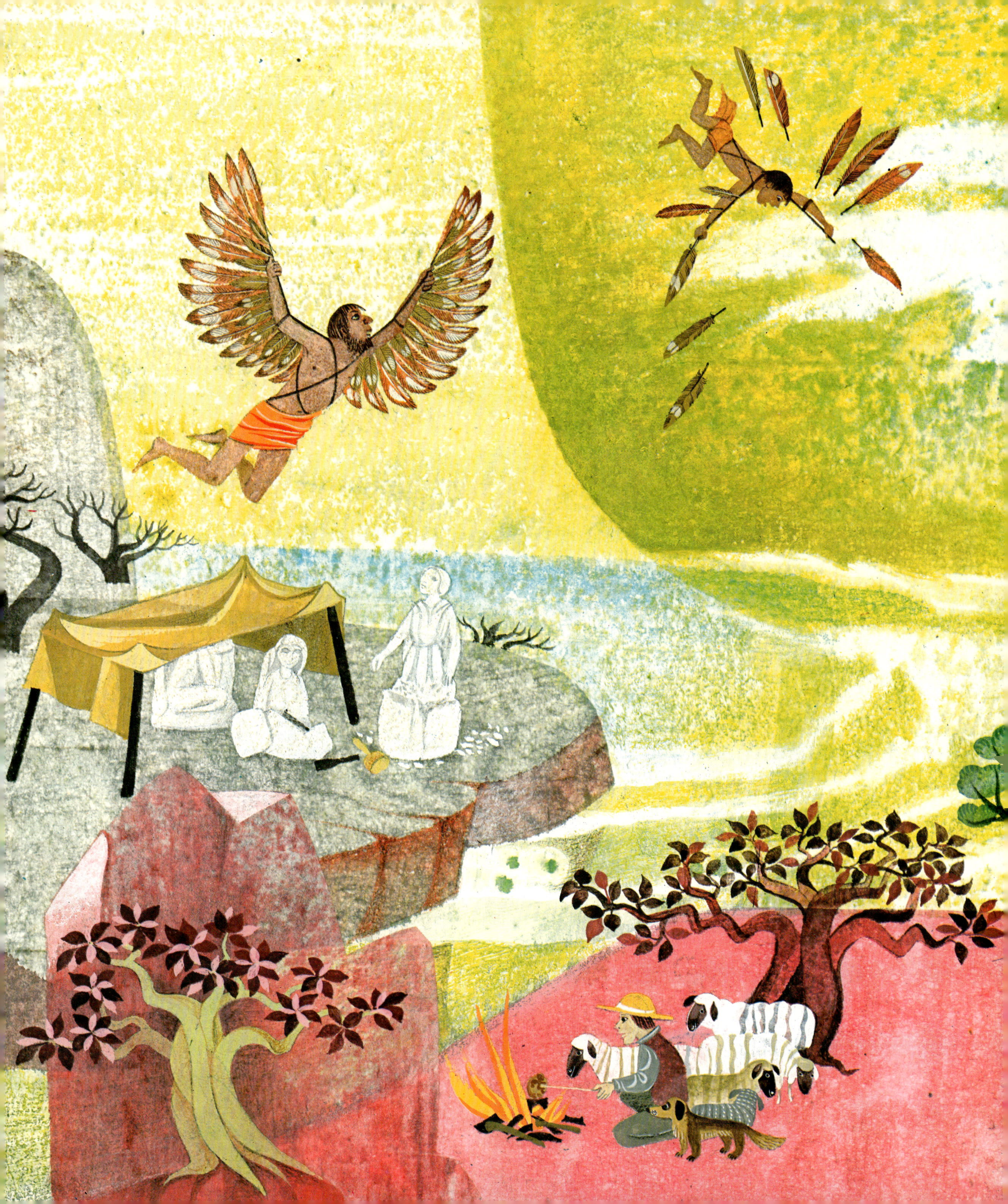

Heißluftballon

Zwei kluge Brüder hatten einen großen Ballon gebaut und wollten nun ausprobieren, wie er fliegt.

Da fragten sie eine Ente: „Willst du fliegen, hoch wie ein Adler?" „Aber freilich", schnatterte die Ente und watschelte freudig hinter den Brüdern her.
Da kamen sie zu einem Hahn. „Willst du fliegen, hoch wie ein Adler?" fragten ihn die Brüder. Der Hahn plusterte sich mächtig auf. „Kikeriki", krähte er begeistert und stolzierte hinter ihnen her.
Nun trafen sie einen Hammel. „Willst du fliegen, hoch wie ein Adler?" fragten die Brüder auch ihn. „Fliegen, wozu?" blökte der Hammel und fraß weiter.
„So ein Dummer", krähte der Hahn. „Ja, ja, so ein Dummer!" schnatterte die Ente. Und da ging der Hammel auch mit. Als dumm wollte er nicht gelten.

Die zwei Brüder führten die Tiere zu einem großen, prächtigen Ballon. Rundherum um den Ballon war ein Balkon angebracht, auf dem durften die Tiere Platz nehmen. Und dann zündeten die Brüder unter dem Ballon ein Feuer an. „Du lieber Himmel!" schrie der Hammel entsetzt, „wollen die uns wohl braten?" „Aussteigen, aussteigen", krähte der Hahn, und die Ente schnatterte: „Ich auch, ich auch!" Aber da war der Ballon schon in der Luft. Hoch flog er, höher als ein Adler! Die Tiere hatten furchtbare Angst. Doch schließlich senkte sich der Ballon wieder auf die Erde.

Die drei nahmen sofort Reißaus. Der Hahn und die Ente entkamen, doch der Hammel wurde eingefangen und wie ein großer Held gefeiert. Was für Dummköpfe die beiden doch sind, gemessen an mir!" dachte er stolz und ließ sich ehren und hochloben.

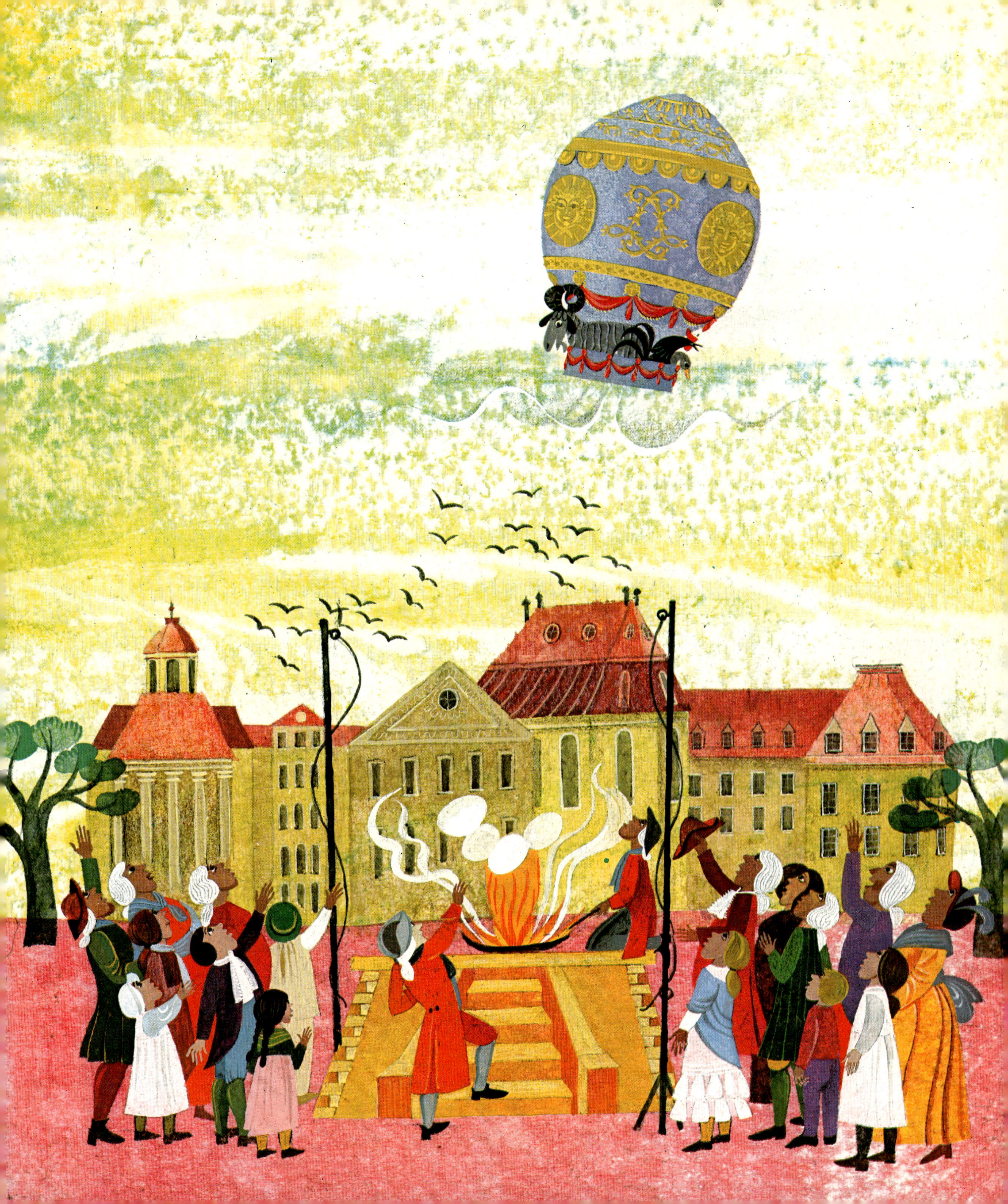

Vulkan

Tief in einem Berg schläft seit undenklichen Zeiten ein gräßlicher Feuerdrache. Sein Schnarchen ist wie unterirdisches Grollen, und sein giftiger Atem steigt wie gelber Schwefel zum Himmel.

Von Zeit zu Zeit erwacht der Drache aus seinem Schlaf. Dann reckt er sich, daß die Erde bebt, und beginnt schrecklich zu wüten. Glühende Lava und feuriges Gestein speit er aus seinem Rachen, und alles Leben im weiten Umkreis wird ausgelöscht. Hat er sich dann endlich beruhigt, legt er sich hin und schläft weiter. Langsam erkaltet das glühende Gestein, mit den Jahren siedeln sich wieder Pflanzen an, und ganz allmählich kommen auch wieder Tiere in die Gegend.

Als nun der Drache eines Tages abermals aufwachte und sein Feuer zu speien begann, erregte sich ein Schwarm Hornissen, der am Berghang seine Wohnung hatte. „Warum kämpfen wir nicht gegen diesen schrecklichen Drachen? Wozu haben wir unsere gefährlichen Stacheln?" surrten sie aufgebracht, und flogen gegen den Berg, wo sie in der Hitze des Feuers verglühten.

Diejenigen Tiere aber, die rechtzeitig geflohen waren, überlebten die Katastrophe: die ängstlichen Hasen, scheuen Rehe, flinken Wiesel, furchtsamen Mäuse, die schnellen Vögel, der schlaue Fuchs... „Bei aller Achtung vor der Tapferkeit der Hornissen", sagte der Fuchs, „ich für meinen Teil bin lieber nicht so tapfer, aber dafür lebendig!"

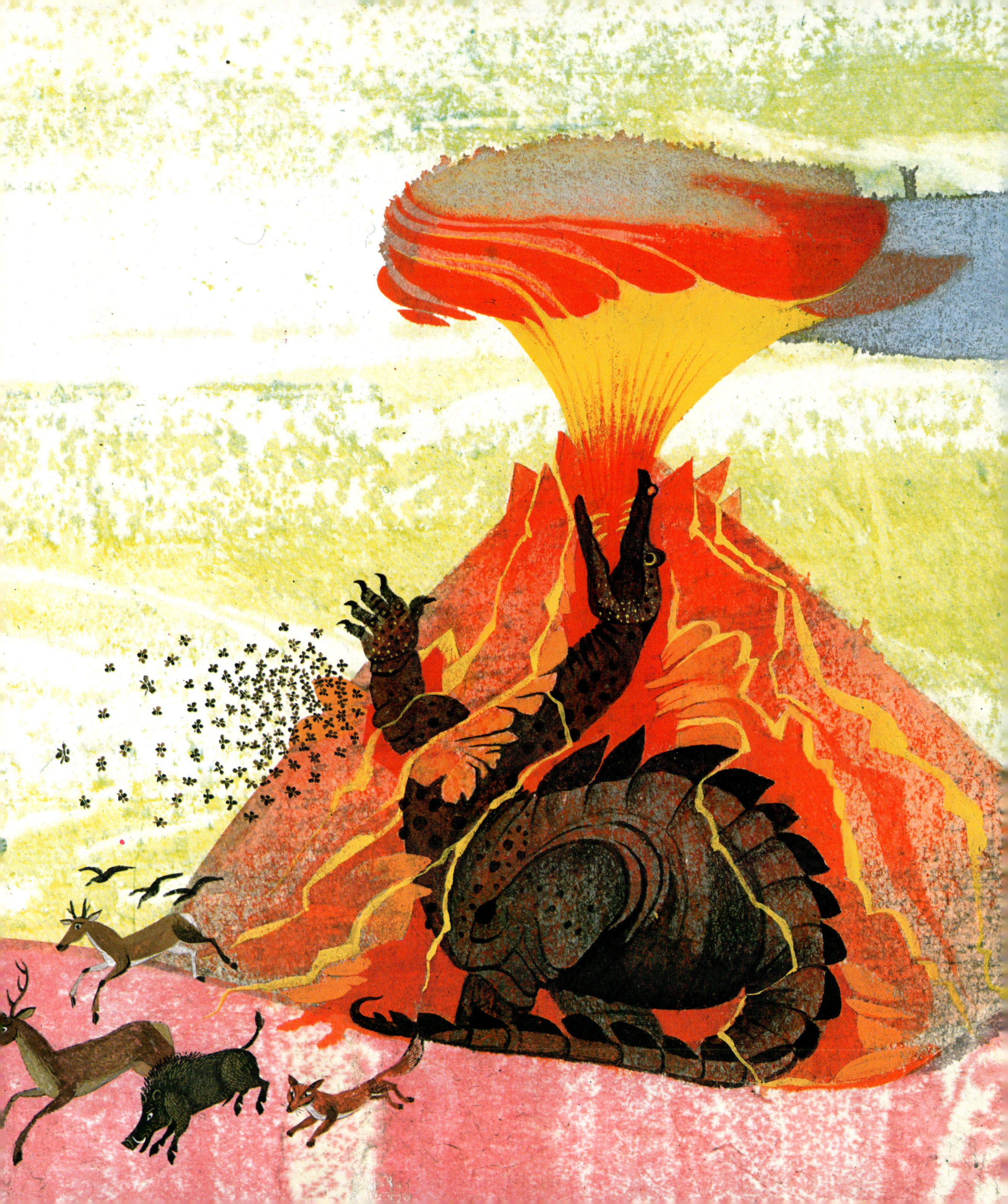

Kartoffelfeuer

Was für Kinder das Seilhüpfen ist, ist für das Rumpelstilzchen das Feuerhüpfen. Nachdem es sich wieder einmal stundenlang damit vergnügt hatte, verspürte es einen gewaltigen Hunger. Da lief es zum Kartoffelacker, buddelte Kartoffeln aus der Erde und warf sie ins Feuer.

Alsbald begannen die Kartoffeln zu schmoren und zu duften, und der Duft stieg den Waldbewohnern in die Nase.
Gleich kam der Waldgeist angegeistert. „Mm, die duften! Laß mich mitessen!" sagte er. Aber das Rumpelstilzchen schüttelte seinen roten Kopf. „Alle sind mein, ich eß' alle allein!"

Auch die kleine Hexe kam auf ihrem Besen herbeigeritten. „Mm, wie die duften! Laß mich mitessen!" sagte sie. Aber das Rumpelstilzchen schüttelte wieder seinen roten Kopf. „Alle sind mein, ich eß' alle allein!"

Zuletzt stapfte der alte Rübezahl durch den Wald, setzte sich ans Feuer, in dem die Kartoffeln schmorten, und sagte: „Mm, dieser Duft! Laß mich mitessen, Kleiner!" Aber auch beim alten Rübezahl schüttelte das freche Rumpelstilzchen seinen roten Kopf und sagte: „Alle sind mein, ich eß' alle allein!", und das tat es dann auch. Eine Kartoffel nach der anderen aß es. Dicker und dicker wurde es, und peng, da platzte es!

„Hätt' es nicht alles allein gegessen, wär's nicht geplatzt!" sagten die Waldbewohner – und recht hatten sie.

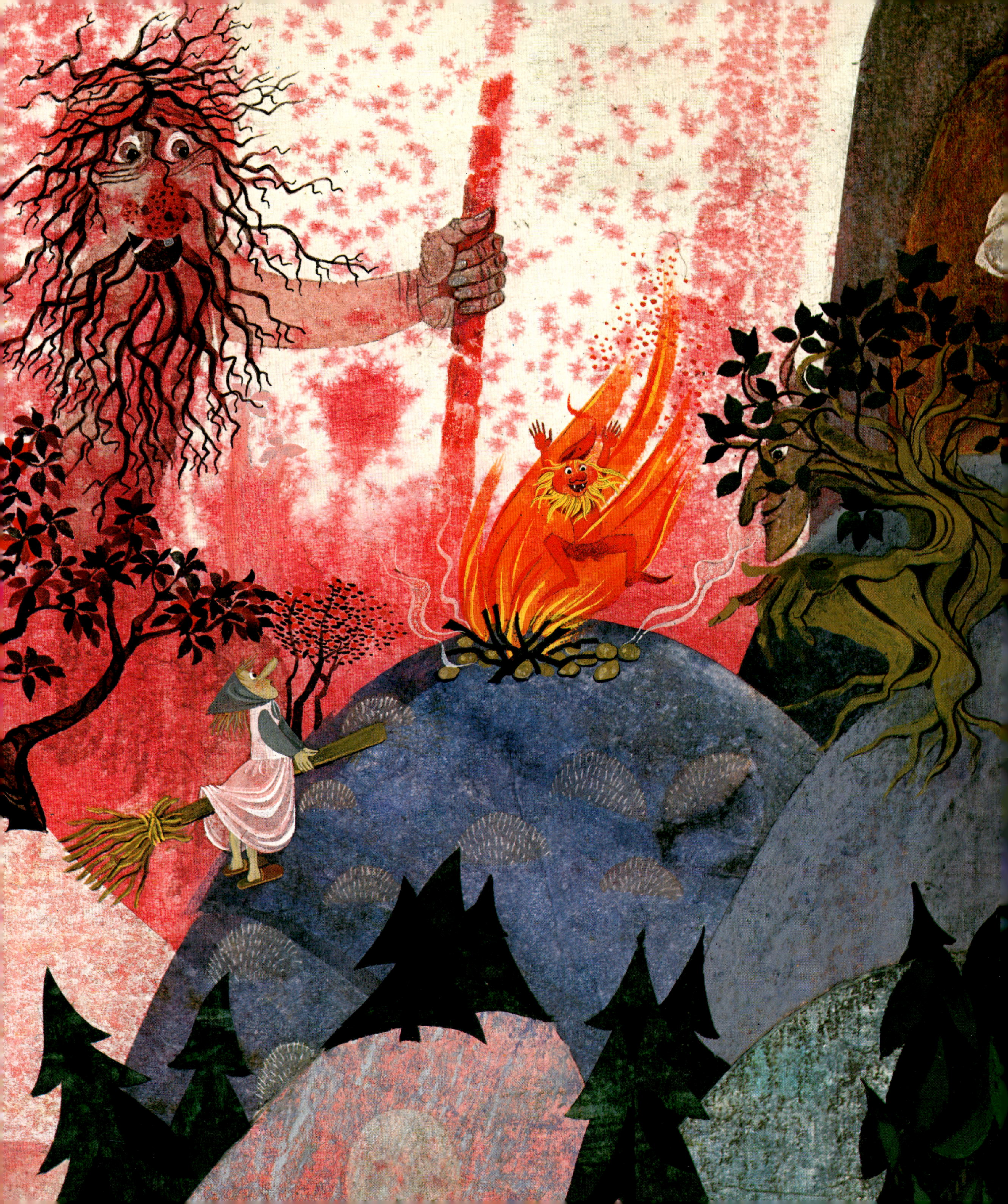

Schiffahrt

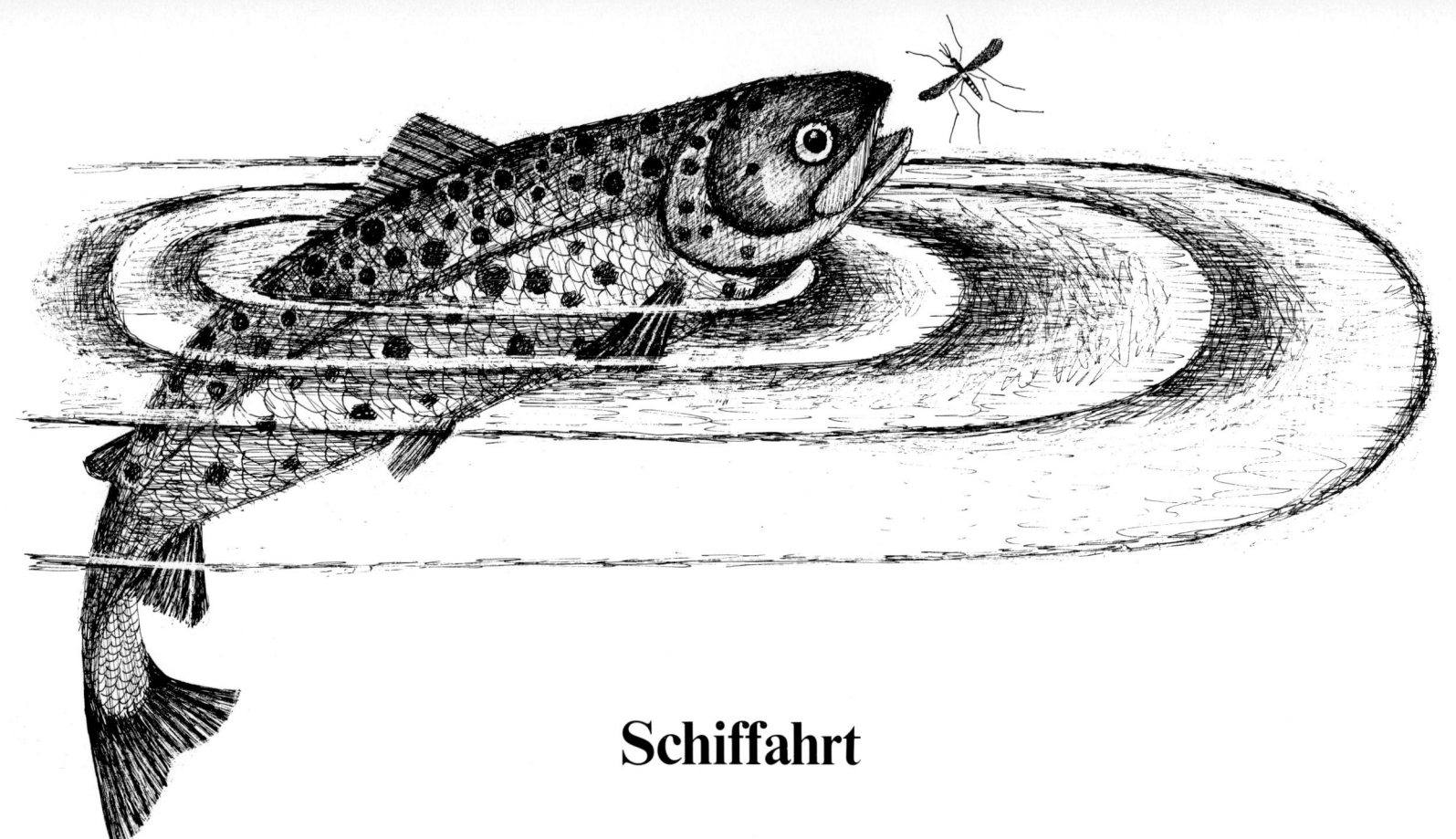

Zwei Mäuse waren in ein Rindenschiffchen gestiegen und ließen sich im Wasser treiben. „Wir machen eine Schiffsreise", piepsten sie abenteuerlustig. „Wir lassen uns den Wind um die Nase wehen und die Sonne aufs Fell scheinen! O, wird das schön werden!" freuten sie sich. „Wir werden uns richtig erholen!"

Aber eine räuberische Forelle sah die beiden im Rindenschiffchen. „Mal eine andere Kost", dachte sie voll Appetit und schwamm herbei, um die Mäuse zu fressen. In diesem Moment stieß ein Fischadler nieder, um die Forelle zu greifen. Zur selben Zeit hatte ein Jäger den Finger am Abzug, um den Fischadler zu schießen. Da fiel ein Apfel vom Baum, dem Jäger auf den Kopf. Er zuckte zusammen, der Schuß löste sich – und ging ins Blaue.

Der Jäger ärgerte sich über den verpatzten Schuß, der Fischadler flog erschrocken davon und die Forelle tauchte blitzschnell weg.

„Immer diese Knallerei!" sagten die beiden Mäuse im Rindenschiffchen und hatten von nichts eine Ahnung.

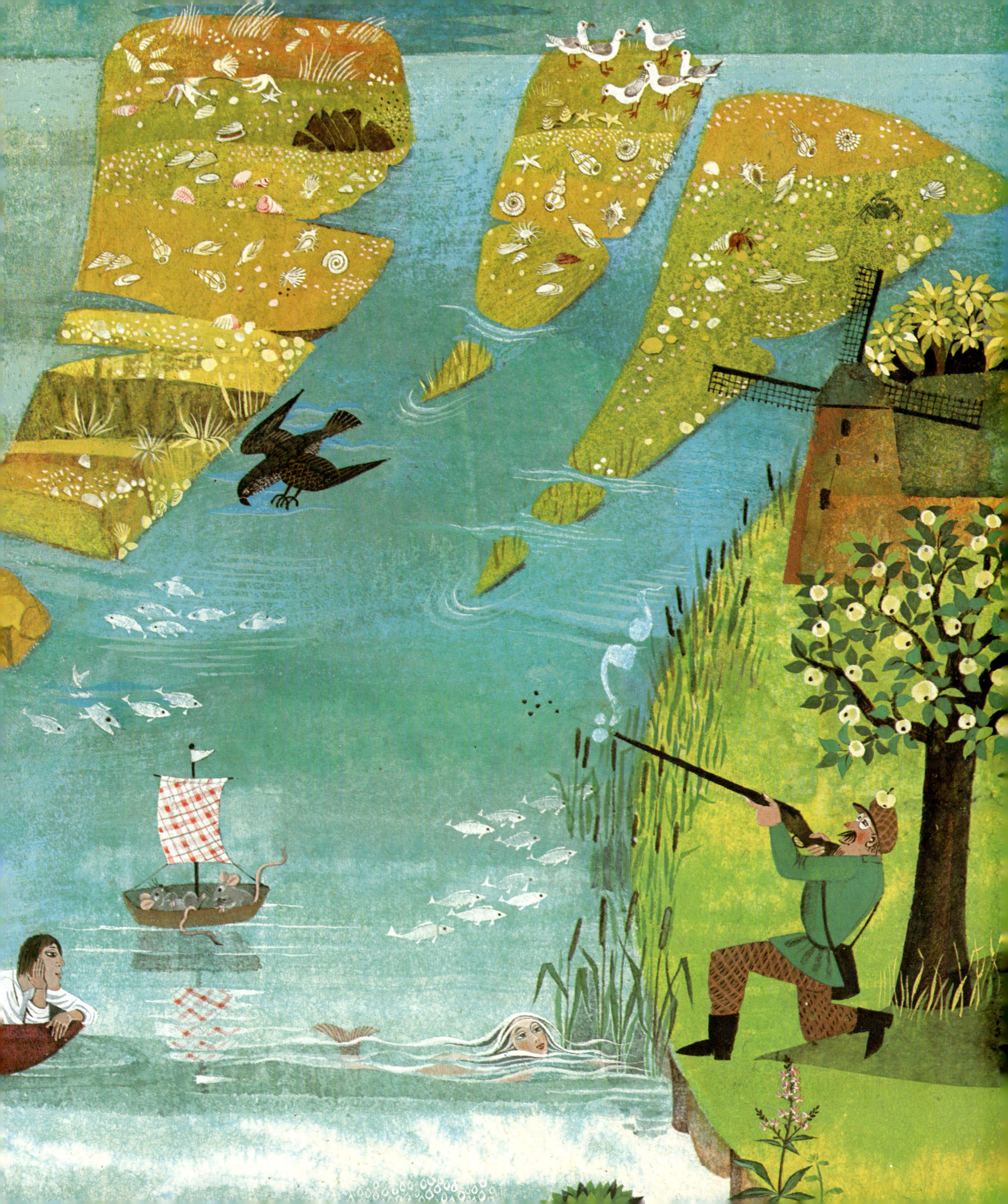

Anna und die Weiherhex

Die Anna war in den großen Ferien zur Tante Hedwig aufs Land gebracht worden. Sie brauchte frische Luft und Bewegung, weil sie so blaß war, hatten ihre Eltern gesagt.

Die Tante Hedwig hatte einen Krämerladen in einem Bauerndorf.

„Nun hör mir gut zu!" sprach die Tante Hedwig zur Anna. „Du siehst, ich habe wenig Zeit für ein Ferienkind. Such dir also selber eine Beschäftigung. Paß aber auf, daß dir nichts passiert! Lauf nicht barfuß, damit du dir keine Glasscherben oder Dornen eintrittst, steig nicht auf Bäume, daß du nicht herunterfällst, und vor allem, geh nicht an den Weiher – dort haust die Weiherhex!"

„Lauf am besten mit den Dorfkindern mit", sagte sie, „dann hast du deine Bewegung und frische Luft".

Da stand nun die Anna in der frischen Luft, auf dem Dorfplatz. Die Sonne schien ihr auf den Kopf. Sie wartete auf die Dorfkinder.

Die kamen auch, ein ganzer Haufen, Buben und Mädchen, schreiend und lachend.

„Ich heiße Anna", sagte die Anna. Sie trat ein Schrittchen vor und lächelte freundlich. Grad, daß sie keinen Knicks mehr machte.

Doch für solche Freundlichkeiten hatten die Dorfkinder weder Aug noch Ohr. Sie waren voller Tatendrang. Es war der erste Ferientag. Und sie rannten an der Anna vorbei.

So lief die Anna den Dorfkindern nach und nicht, wie die Tante sich das vorgestellt hatte, mit den Dorfkindern mit.

Die Dorfkinder rannten zum Dorf hinaus, über Wiesen und Felder, krochen durch Hecken und Zäune und sprangen über Gräben. Die Anna merkte gleich, die Dorfkinder waren das Laufen gewohnt.

Nach einer Weile blieben sie stehen. Sie flüsterten und tuschelten und steckten die Köpfe zusammen. „Ärgern wir die Weiherhex!" rief eines der Kinder. „Ja, ärgern wir die Weiherhex!" Alle waren begeistert.

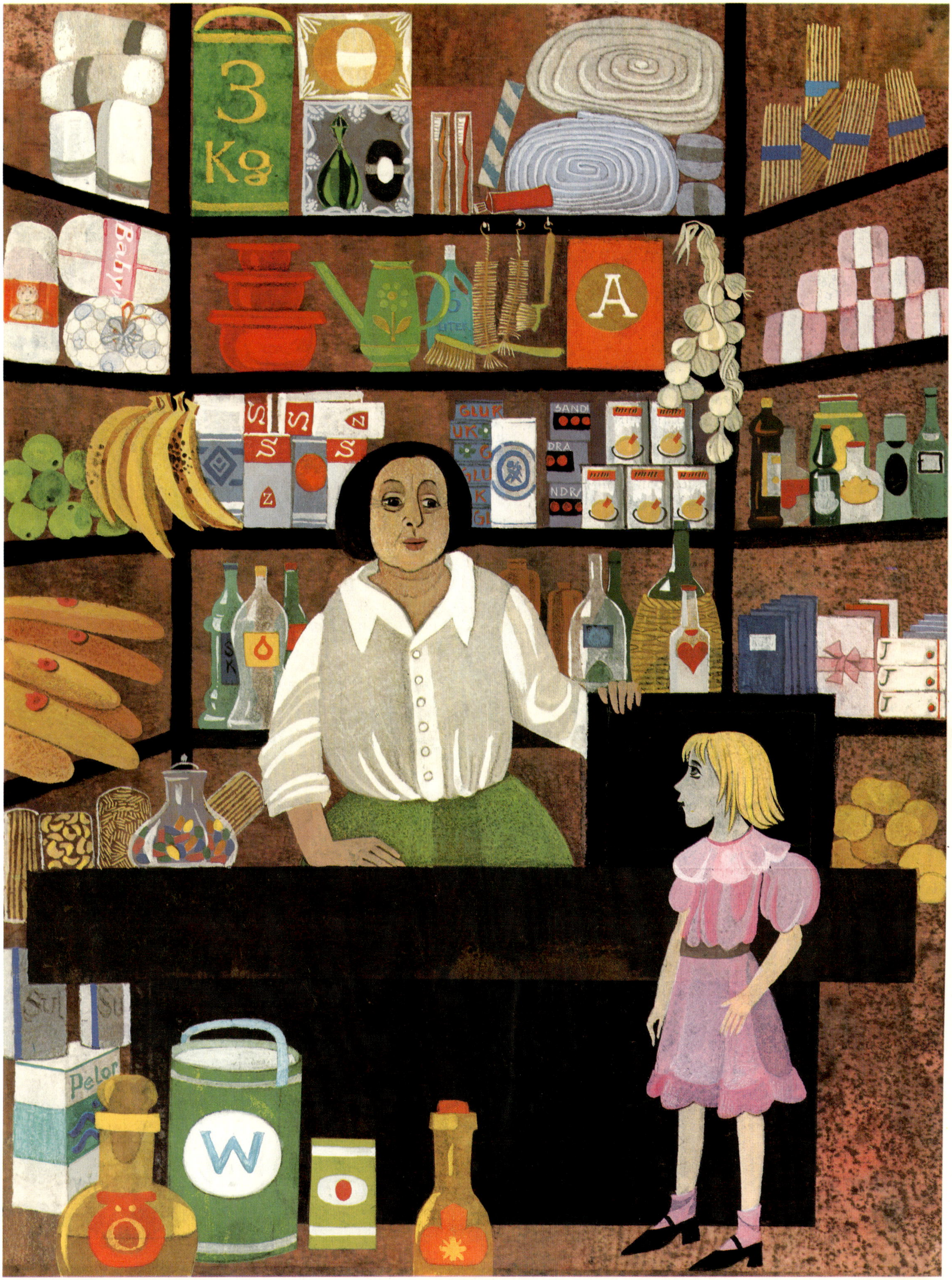
3
Kg
Baby
A
W
Pelor

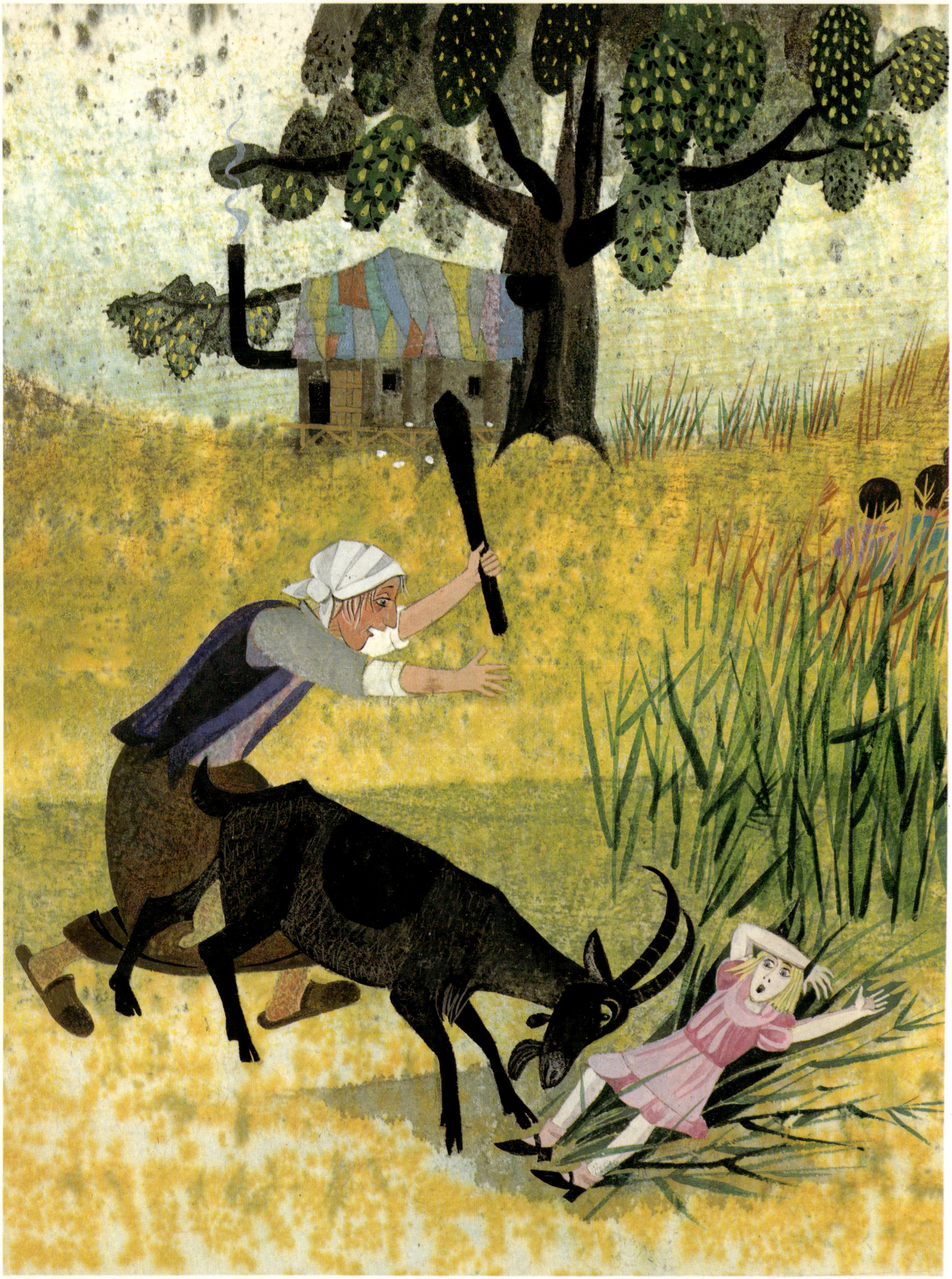

Also sammelten die Dorfkinder Steine, steckten sie in ihre Hosentaschen und Schürzentaschen und schlichen durch hohes, grünes Schilf zum Weiher.

Annas Herz klopfte gewaltig, als sie hinter den Dorfkindern herschlich. Das Schilf teilte sich und nun sah die Anna am Ufer des Weihers einen uralten knorrigen Birnbaum und darunter, in seinem Schatten, eine Hütte. Diese Hütte war das Seltsamste, was die Anna je gesehen hatte. Sie stand nicht ebenerdig, sondern erhöht auf Stelzen. Die Wände waren mit Brettern und Blech verschlagen und hatten kleine Fenster. Ein Ofenrohr ragte aus einer Wand, dem feiner blauer Rauch entströmte. Das Dach war gedeckt mit bunten Plastiksäcken, die mit Draht und Schnüren festgebunden waren.

Eine schwarze Ziege graste unter dem Birnbaum.

Da – auf ein Zeichen hin – ging es los. „Weiherhex, Weiherhex!" schrien die Dorfkinder alle auf einmal. Dazu warfen sie die Steine an die Hütte, daß es krachte.
Da ging die Tür auf und die Weiherhex kam heraus. In der Hand hatte sie einen Stock. Ihr Gesicht war runzelig und rot vor Zorn. „Bobbi!" schrie sie laut.
Die Ziege reagierte sofort. Sie senkte drohend ihre schwarzen Hörner und rannte auf die Kinder zu.
Die Dorfkinder waren darauf schon gefaßt gewesen und liefen, flink wie die Wiesel, ins Schilf.
Bei der Anna dauerte es ein paar Sekunden, ehe sie sich vor Schreck überhaupt rühren konnte, und dann war es zu spät.

Die Ziege hatte sie niedergestoßen und stand meckernd vor ihr. Und schon kam mit einem Stock die Weiherhex herbeigelaufen.
Annas Entsetzen war unbeschreiblich. „Die Weiherhex mit einem Prügel", dachte sie noch, dann fiel sie in Ohnmacht.

Als die Anna wieder zu sich kam, lag sie auf einer geblümten Matratze. Es war fast dunkel und es roch ganz eigenartig.

Nah bei ihr kniete die Weiherhex und hielt ihr ein Schälchen warme Milch an den Mund.

„Trink!" sagte sie. „Das ist gut, das weckt einen Toten auf."

Die Milch schmeckte streng, aber die Anna trank.

„Ich muß hier weg!" dachte sie. „So schnell ich kann!" Nur wenige Schritte von ihr entfernt stand die Ziege. Die Weiherhex stand jetzt am Ofen, mit dem Rücken zu ihr. Der Eingang war offen. Der Prügel lehnte an der Wand.

„Willst du schon wieder gehen?" sagte die Weiherhex, ohne sich umzudrehen.

„Sie kann Gedanken lesen!" dachte das Kind erschrocken.

„Wie heißt du denn?" „Anna", sagte das Kind.

Nun wandte sich die Weiherhex um.

„Anna", wiederholte sie, „Anna heißt du also." Dabei wurden ihre Augen ganz sonderbar. Sie nahmen einen Ausdruck an, als sähen sie weit in die Ferne. „Ich habe auch einmal Anna geheißen", sagte sie dann.

Als die Anna gehen wollte, hielt die Weiherhex sie nicht auf. Aber sie rief ihr nach: „Komm doch mal wieder, Anna!"

Und das tat die Anna schon am nächsten Tag.

Der Weiherhex war es recht. Sie konnte eine Hilfe ganz gut gebrauchen. Die Weiherhex ging immer zum Schuttplatz. Dort fand sie alles, was sie nötig hatte: Bretter, Geschirr, Möbel. Anna wunderte sich darüber, was dort alles lag. „Damit könnte man eine Villa einrichten", sagte sie. Auch die Ziege ging mit zum Schuttplatz. Sie fand dort am Rand die seltensten Gräser – und was Gras betraf, war sie eine Kennerin. Sie fraß nicht wie eine Kuh, um ihren Hunger zu stillen, sie fraß ausgewählt, nur das Beste.

Der Anna war das finstere Tier mit den schwarzen Hörnern und dem grauen Bart unheimlich. Aber sie sah ein, daß die Ziege nützlich war. Die Ziege trug zwischen ihren Hinterbeinen ein großes Euter mit zwei Zitzen. aus denen Milch quoll, wenn die Weiherhex daran zog. Die Weiherhex hatte die Milch von der Ziege, nicht aus dem Milchladen.

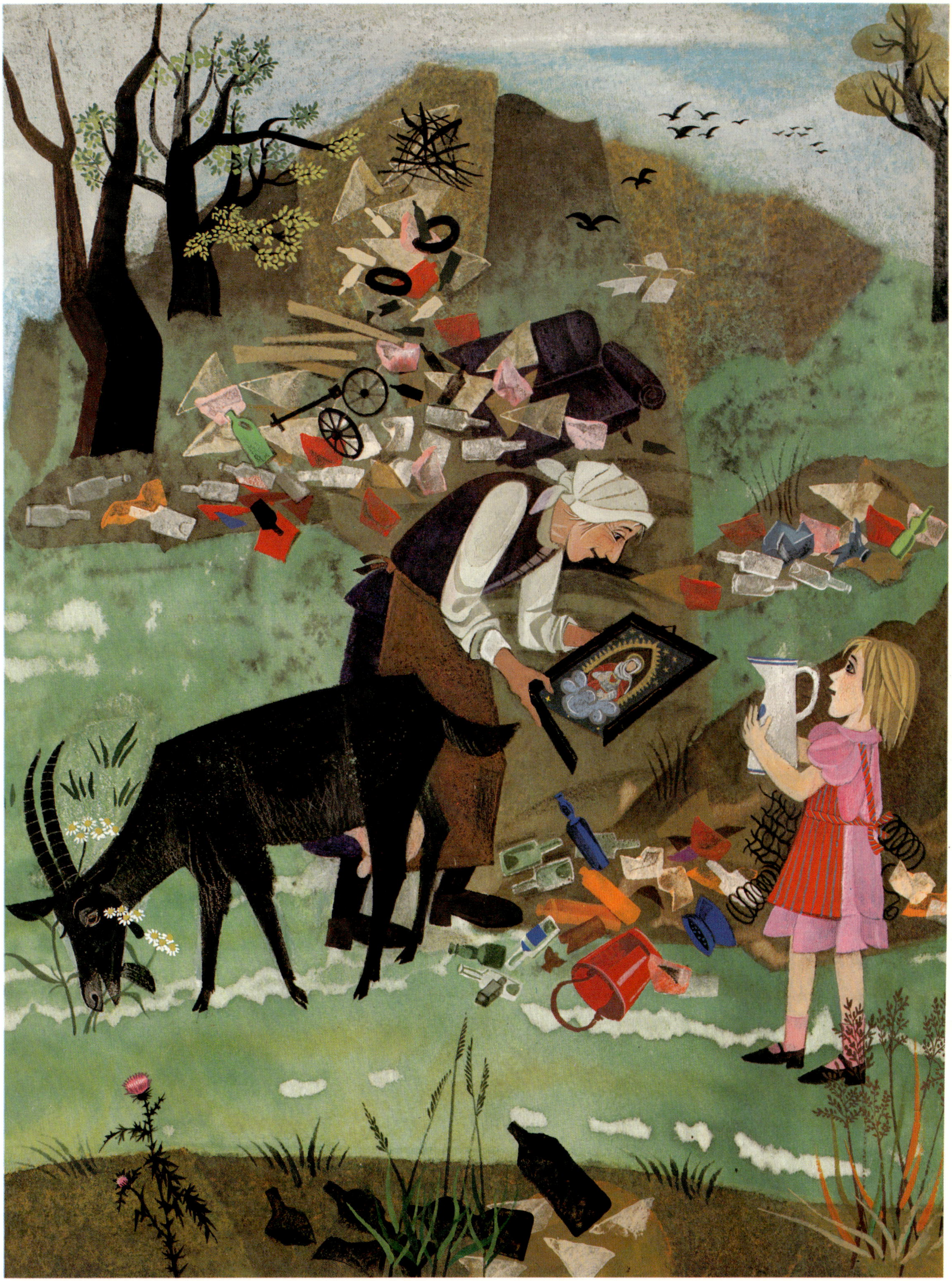

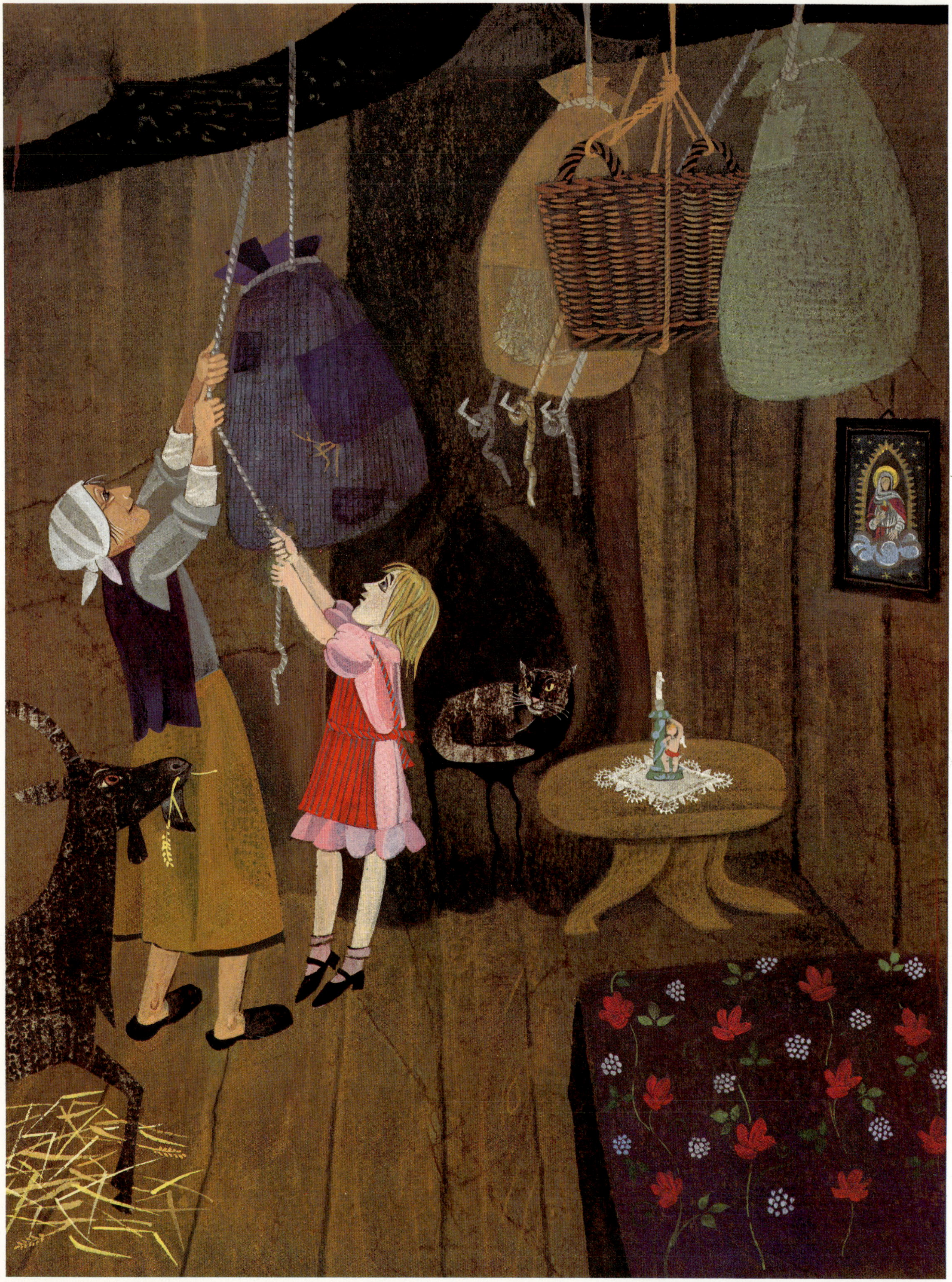

Die Weiherhex wurde von ihrer Ziege auch beschützt – so wie manche Leute von ihrem Hund. Die Ziege fürchtete niemanden. Sie griff jeden an, der ihnen Böses wollte.

Und die Weiherhex redete mit ihrer Ziege!
Die Anna hörte einmal, wie sie zu ihrer Ziege sagte: „Sie haben mir schon wieder Steine an die Hütte geworfen, die bösen Kinder."
Und die Anna sah, wie die Ziege mit ihren bernsteinfarbenen Augen die Weiherhex verständnisvoll anschaute.
Und als die Weiherhex fortfuhr: „Ach, Kinder sind alle so bös heutzutage", sagte die Ziege „meh" und nickte mit dem Kopf.

Bei der Weiherhex gab es für die Anna immer etwas zu tun. Vieles ging zu zweit schneller und leichter. „Geteilte Last ist halbe Last!" sagte die Weiherhex, als sie miteinander die Vorräte aufhängten.
Bei der Weiherhex hingen die Vorräte in Säcken und Körben oben an einem Ast, der auch das Dach ihres Hauses trug. So standen sie nicht im Weg, und was das Wichtigste war, sie waren sicher vor der Ziege. Einen Vorratsschrank brauchte die Weiherhex also keinen. Eine Stuhl brauchte sie auch nicht. Wollte sie sitzen, setzte sie sich in den Stamm ihres Birnbaumes.
Der Birnbaum war in das Haus miteingebaut und deshalb ein Bestandteil der Wände. Wegen seines Alters war er schon hohl – und das genau in Sitzhöhe. Ausgepolstert mit Moos und Laub war er bequemer als jeder Stuhl. Die Weiherhex saß in ihrem Birnbaum wie in einem Ohrenbackensessel.

Einen Tisch hatte die Weiherhex schon. Das war ein passender Wurzelstock mit einer kleinen, runden Tischplatte darauf. Auf dem Tisch lag ein kaum beschädigtes, weißes Spitzendeckchen.
Darauf stand ein buntbemalter Porzellanengel, der einen Kerzenleuchter in die Höhe hielt.
Alle diese Sachen hatte die Weiherhex gefunden. Seit ihrem letzten Fund aber, der geblümten Matratze, wohnte sie beinahe luxuriös. Die Matratze wärmte ausgezeichnet von unten und gab dem ganzen Raum etwas Heiteres.

Der Eingang zu ihrer Behausung war klein, nur eben so, daß sie und die Ziege hindurchschlüpfen konnten. Das hatte den Vorteil, daß er im Winter leichter abzudichten war gegen Kälte.

Neben dem Eingang stand ein kleiner Eisenofen. Auf der anderen Seite lag, aufgeschichtet bis oben hin, das Brennholz.

Dann kam der Platz für die Ziege. Der war abgegrenzt. Zwar nur mit einem Strick, den sie leicht hätte übersteigen können; aber das durfte sie nicht.

Das hatte seinen Grund, denn an diesem Platz, unter der Streu, waren die Bodenbretter nur lose verlegt. So konnten sie schnell beiseite geschoben und umgedreht werden, wobei der Mist von selber in die Tiefe fiel, da die Hütte ja auf Stelzen stand.

Sehr gemütlich war es, wenn es draußen regnete. Dann saß die Weiherhex in ihrem Birnbaumstuhl und die Anna durfte den Ofen einheizen und die Schatztruhe aufmachen.

Die Weiherhex besaß eine kleine bemalte Truhe. In ihr verwahrte sie die wunderlichsten Sachen.

Da lag ein kleines Bündel Geldscheine, alte Hunderter und Tausender mit Wasserzeichen, die nur zu sehen waren, wenn man die Scheine gegen das Licht hielt. Ein Halskettchen war da und ein Glaskegel mit einem blaugläsernen Baum im Innern. Eine Spitzendecke hatte die Weiherhex, die war aus Goldfäden gehäkelt, und eine Borte mit Perlenröschen bestickt. Einen goldenen Ring hatte sie, in den zwei Namen eingraviert waren: Anna und Jakob. Und in einem Schächtelchen ringelte sich, angeheftet auf brüchiger Seide, eine blonde Haarlocke.

Die Weiherhex hatte auch einen Blechfrosch. Den konnte man aufziehen und dann hüpfte er. Das war lustig, vor allem, weil der Kater immer wieder von neuem verwirrt war, wenn er auf Blech biß.

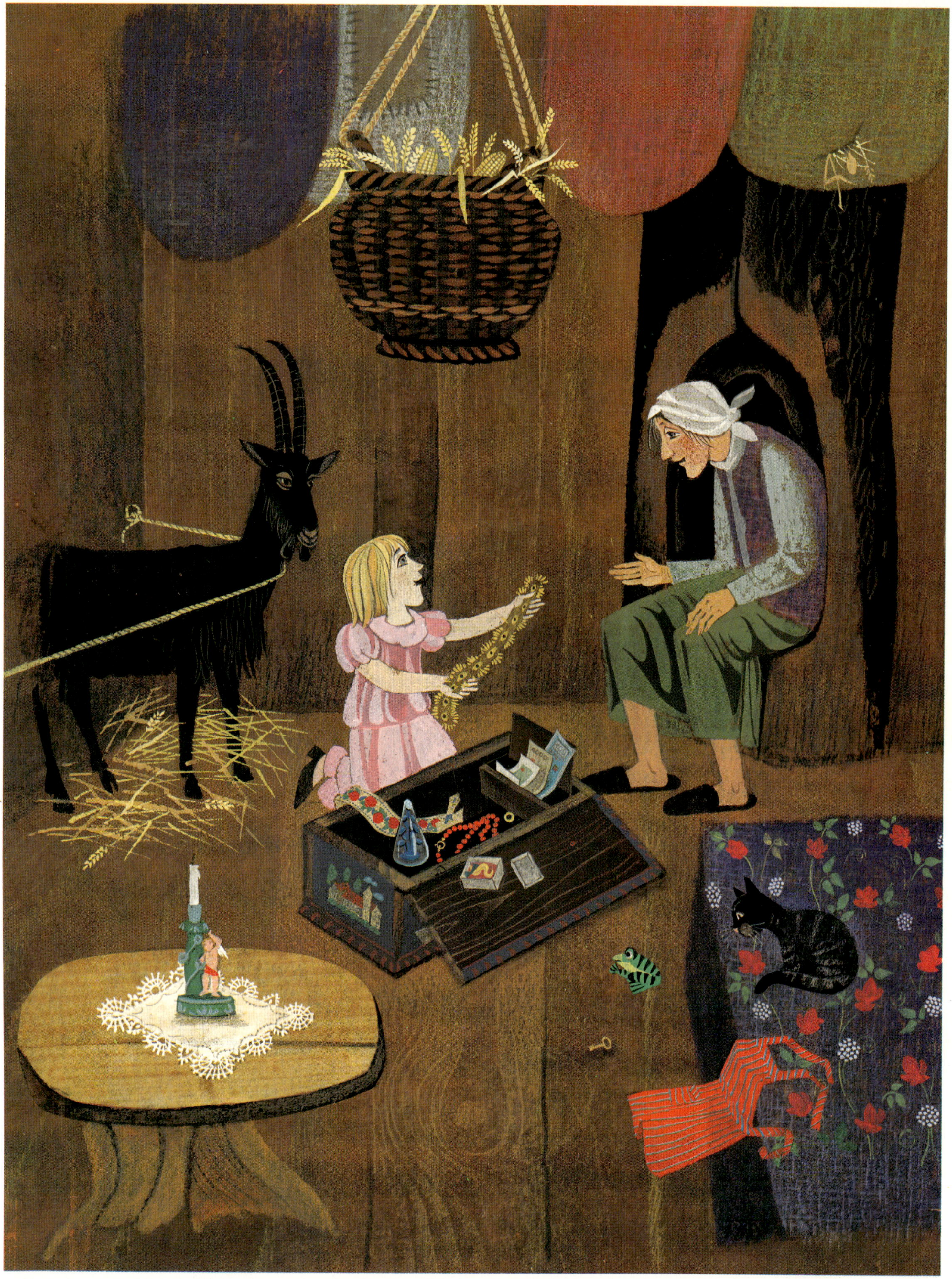

Wenn das Wetter schön war, waren sie draußen und sammelten Vorräte.

Damit hatte die Weiherhex schon im Frühjahr begonnen mit dem ersten Grün.

Da trocknete sie Löwenzahn und Huflattich, Lungenkraut und Beinwell, Schlüsselblumen, Sauerampfer und Spitzwegerich.

Später kamen die Sommerkräuter: Kamille, Schafgarbe, Thymian, Salbei und viele andere.

Die Weiherhex kannte sie alle. Sie wußte, was gut und heilsam war und was der Ziege schmeckte.

Eine schöne Arbeit war das Trocknen von Obst und das Sammeln von Haselnüssen. Herrlich war es im Wald beim Pilze suchen. Die Weiherhex nahm Pilze mit, die die Anna für giftig gehalten hätte!

Anstrengend waren jene Tage, da die Felder abgeerntet, aber noch nicht umgepflügt waren. Da galt es, möglichst viel zu holen von dem, was noch draußen lag: Getreideähren, Maiskolben und Kartoffeln. Was sie in diesen Tagen heimbrachten, hatten sie. Alles andere wurde untergepflügt.

Mit ihren Vorräten ging die Weiherhex sparsam um. Aber die Kost bei ihr war wunderbar!

Sie und die Anna aßen das gleiche wie die Ziege, das Essen wurde nur verschieden hergerichtet und benannt.

Für die Ziege waren die getrockneten Kräuter „Heu", für die Anna und die Weiherhex waren sie „Tee". Das Getreide war für die Ziege „Körndlfutter", aber „Brei", wenn es in Milch oder Wasser gedämpft war und wenn die beiden es aßen.

Die Milch war kostbar. Jeder bekam seinen Teil. Der Kater brauchte nicht viel, weil er der Kleinste war. Und er fing sich ja Mäuse.

Eine erlegte Maus war für ihn ein Ereignis. Die trug er mit lautem Miaugeschrei in die Hütte und zeigte sie allen.

Dann erst fraß er sie.

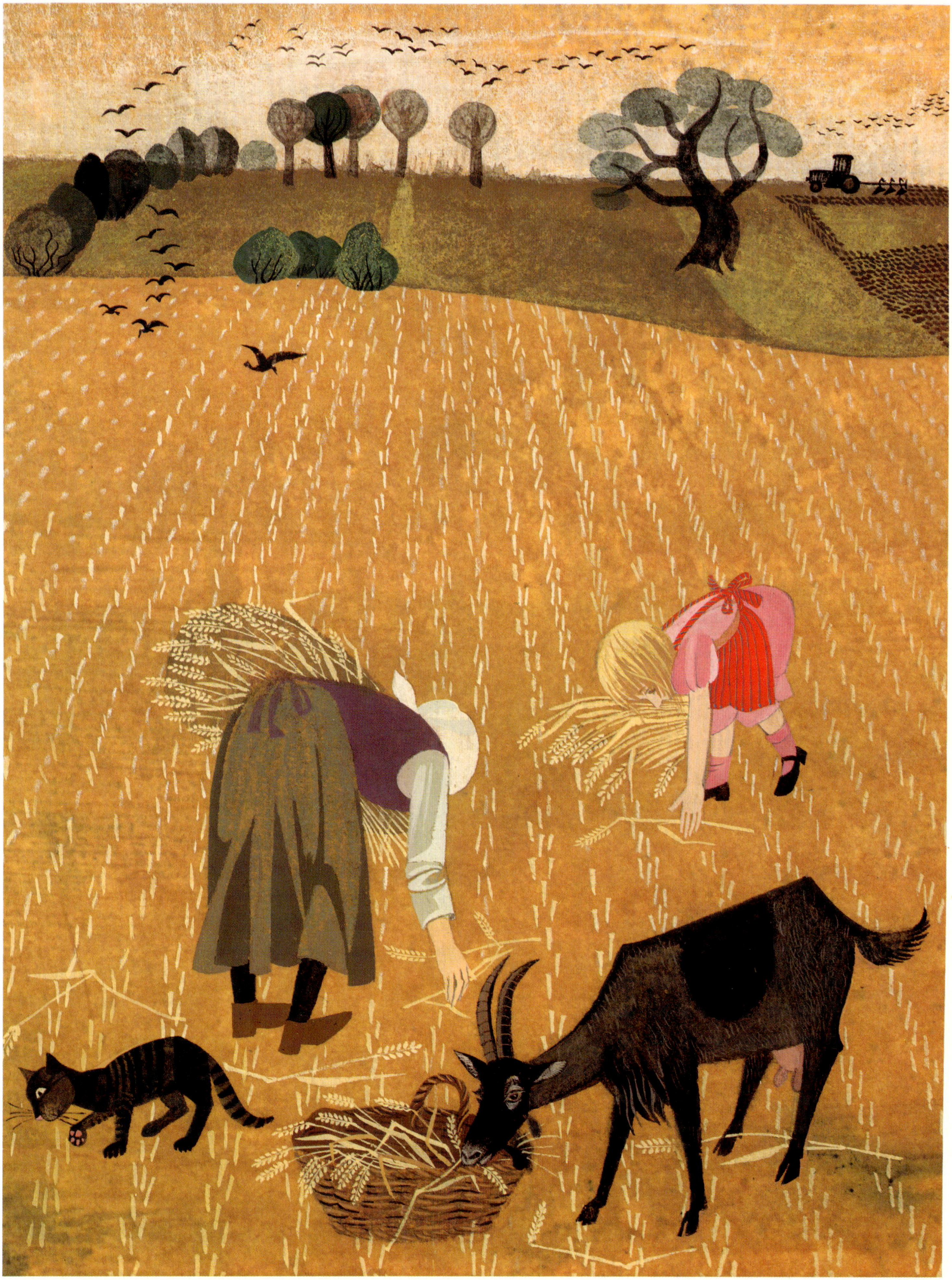

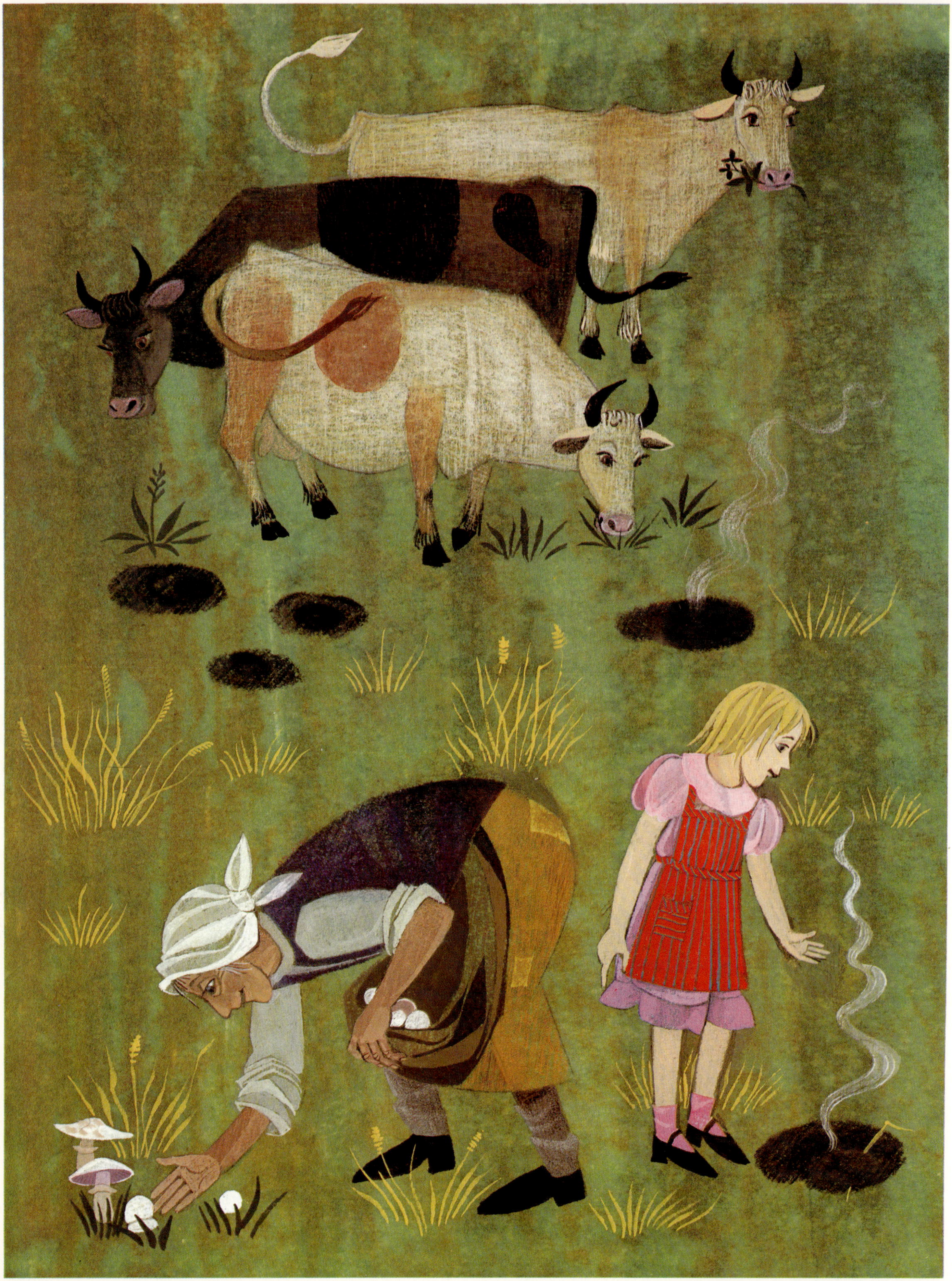

Ein eigenartiges Lied kannte die Weiherhex, es hieß:
„Maikäfer flieg! Der Vater ist im Krieg – Die Mutter ist in Pommerland – Pommerland ist abgebrannt. Maikäfer flieg!"
Die Weiherhex summte dieses Lied oft stundenlang vor sich hin.
Manchmal führte sie auch seltsame und für Anna unverständliche Reden. Als sie einmal auf einer Kuhweide Champignons suchten, ging sie den dampfenden Kuhfladen aus dem Weg, indem sie sagte: „Wo's raucht, da brennt's!"
Aber oft hatten ihre Reden einen Sinn. „Viele Hände, ein schnelles Ende", war so eine Redensart, wenn Holz da war zum Aufrichten. Oder auch: „Ohne Fleiß kein Preis". Dieses Sprichwort schien der Anna besonders wahr zu sein, seit sie gesehen hatte, was man alles tun muß, um etwa ein Brot essen zu können.
Zuerst mußten sie Getreideähren sammeln. Aus den Getreideähren mußten sie die Körner herausreiben. Die Körner mußten sie zerschroten und den Schrot mit Milch vermischen. Milch hatten sie aber nur, wenn sie die Ziege molken.
War der Teig fertig, mußte er zu Fladen geformt und gebacken werden. Dazu mußten sie aber den Ofen einheizen. Doch das konnten sie nur, wenn sie Brennholz gesammelt hatten.
Lag der Fladen dann auf der heißen Ofenplatte beim Rösten, dann roch er und zischte und schmeckte, wenn er fertig war!
Mit der Zeit war die Anna für die Weiherhex eine richtige Hilfe geworden. Sie konnte Holz hacken, ohne sich weh zu tun und sie wußte, wie man einen Ofen einheizt. Die Ziege ließ sich von ihr melken, fromm wie ein Lamm, und die Anna kannte schon viele gute Kräuter.
„Was hast du nur für einen strengen Geruch an dir?" fragte die Tante Hedwig oft, wenn die Anna nach Hause kam. „Du stinkst, Kind! – Und warum ißt du denn nicht ordentlich? Bist du krank?"
Aber die Anna sah gesund aus und sie war etwas kräftiger geworden.
Und eines Tages fand die Tante Hedwig eine Handvoll gedörrter Zwetschgen in Annas Schürzentasche. Als sie danach fragte, sagte die Anna: „Die sind von der Weiherhex."

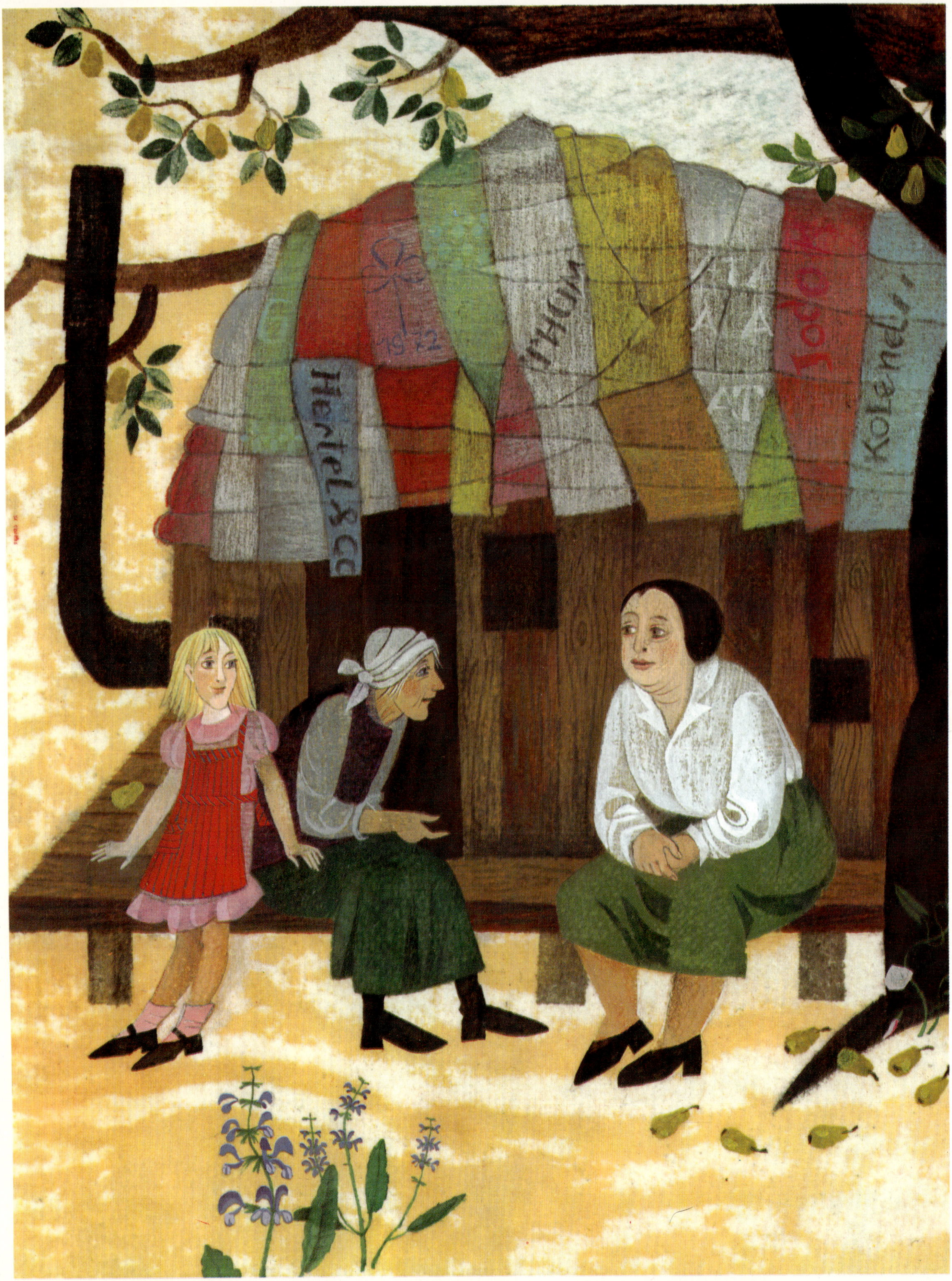
Hertel & Co

Die Tante Hedwig war entsetzt. „Aber Kind!" rief sie. „Ich habe dir doch gesagt, geh' nicht an den Weiher! Ich sagte dir doch, lauf mit den Kindern mit!"
Aber die Anna schüttelte den Kopf. „Kinder sind alle bös heutzutage." „Wer sagt denn das?" rief die Tante.
„Die Weiherhex", sagte die Anna.
Da war die Tante noch entsetzter. „Da gehst du mir nicht mehr hin!" rief sie.
„Die ist ja gefährlich!" Sie war außer sich.
„Man weiß doch gar nicht, wo die herkommt! Die lebt da unten wie eine Wilde! Geht in keine Kirche! Holt sich das Zeug vom Schuttplatz!" Und nach einer Weile sagte sie vorwurfsvoll: „Und überhaupt, wie kommst du dazu, der armen Frau ihre Zwetschgen wegzuessen?"
„Die ist nicht arm", sagte die Anna. „Die ist reich! Du solltest einmal sehen, was die alles hat! Säcke und Körbe hat die voll mit guten Sachen! Und einen Ofen zum Einheizen! Und Holz! Und eine Ziege, die Milch gibt und Bobbi heißt! Und sie, die Weiherhex, heißt Anna – wie ich!"
Als die Tante Hedwig sah, wie sehr die Anna von der Weiherhex eingenommen war, und verbieten nichts mehr half, entschloß sie sich, selbst hinzugehen. Schließlich trug sie für ihr Ferienkind die Verantwortung.

Gleich am nächsten Sonntag ging sie hinunter zum Weiher.

Es wurde ein langer, ein denkwürdiger Nachmittag. Die Krämerin saß bei der Weiherhex in der Sonne und die Anna erfuhr alles mögliche über die beiden Frauen.
Die Weiherhex war im Böhmischen aufgewachsen. Ihr Mann war im Krieg umgekommen. Sie selbst hatte am Ende des Krieges fliehen müssen. Dabei hatte sie ihr Kind verloren.
Als die Anna das hörte, kam ihr die blonde Haarlocke in der Schatztruhe in den Sinn – und das Lied, das so eigenartig war:
„Maikäfer flieg! Der Vater ist im Krieg – Die Mutter ist in Pommerland – Pommerland ist abgebrannt. Maikäfer flieg!"

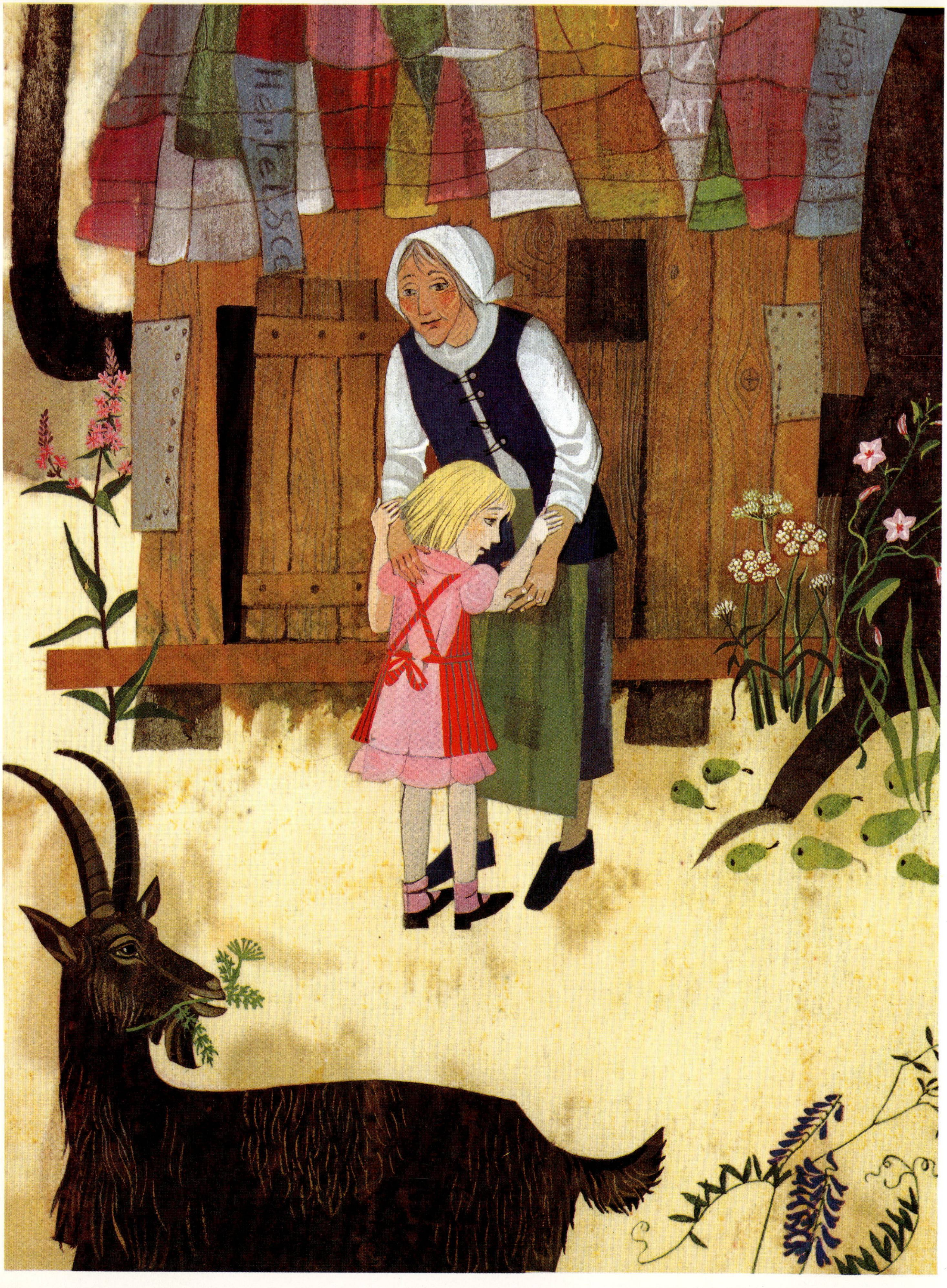

Von der Tante Hedwig hörte die Anna zum erstenmal, daß sie einmal gerne geheiratet hätte. Doch es war nichts daraus geworden. Und heute sei sie froh darüber. „Was sollte ich mit einem Mann", so sagte sie.

Eines Tages waren die Ferien zu Ende und die Anna war zum letztenmal bei der Weiherhex.
Sie waren beide sehr tapfer, als sie Abschied nahmen. Sie lachten.
Die Weiherhex drückte Annas Kopf an ihre Schürze, die nach Heu, Ziege und Rauch roch.
„Du kommst ja wieder", sagte sie, sich beiden zum Trost. „Im nächsten Jahr – wenn wir das Leben noch haben."

Die Weiherhex hatte das Leben nicht mehr im nächsten Jahr. Sie starb im Winter. Man fand sie auf ihrer Blumenmatratze, als die Ziege tagelang nicht zu meckern aufgehört hatte.
Die Tante Hedwig schrieb es der Anna in einem Brief. Ein Zeitungsblatt lag dem Brief bei. In der Rubrik „Todesfälle" stand zwischen anderen Namen: „Anna Steger, geboren um 1900 in Böhmen, gestorben am 14. Januar 1976."
Nur wenige wußten, daß Anna Steger die Weiherhex gewesen war.